ザ・ホスピタリティ
# THE HOSPITALITY
―「おもてなし」「思いやり」から経営へ―

中根 貢 著

産業能率大学出版部

# まえがき

　ホスピタリティという言葉を聞いて、どのようなことを思い浮かべるだろうか。

　一般的には「思いやり」や「おもてなしの心」という言葉が連想されるはずである。

　ホスピタリティに関する概念は、ホテル・旅館、レストランといったサービス業、そして医療機関・福祉などの一部のホスピタリティ業界を対象に、「思いやりの心」や「おもてなしの心」として捉えられてきた。

　そして、一般企業では「思いやりのある、心からのおもてなし」というスローガンで終わり、ともすると、お辞儀の仕方やあいさつの仕方のようなトレーニングに位置づけられ、マナーと同レベルに扱われてきた。

　これらはホスピタリティの表層的な部分を見ているにすぎない。「相互容認」「相互扶助」「相互発展」を遂げるホスピタリティ本来の概念で捉えた場合、ホスピタリティの概念はさらに拡大し、その適応範囲は特定の業界・業種から産業界すべてに適応できる可能性がある。

　本書で扱うホスピタリティは一般的にいわれている「思いやり」「おもてなし」をコンセプトの核とはしていない。ホスピタリティは、人間そのものを真正面で捉え、「人間らしさ」ということはどういうことなのかを問い、その場の状況、相手の感情、その事象に合わせ、独自化対応をとることである。

　現状のビジネスとホスピタリティを関連づけるときに、従来使われてきた「ホスピタリティ」という言葉の概念に縛られてビジネスに結びつけられない人と、コンセプトを広く柔軟に解釈して、様々な部分に関連づけてビジネスを展開できる人との間で、今後、大きな違いが出てくる。

　本書はホスピタリティの考え方を正しく捉え、様々な業種・業界に適用され、組織のマネジメントソリューションに貢献しうる方法論になることを提案していく。

# 目次　ザ・ホスピタリティ

まえがき……i

## 第1章　ホスピタリティの実践　～革新的な体制づくりの第一歩～ —— 1

### 1．現代の組織の状況 ———— 2
①組織における思いやりの欠如……2
②人としての人間性の欠如……3
③性悪説の台頭による弊害……4
④組織における個々人のモチベーションの低下……5
⑤職場の不活性化の原因……5

### 2．組織の問題解決をするホスピタリティ ———— 6

### 3．ホスピタリティとは何か ———— 7
①ホスピタリティは、「思いやり」「おもてなし」だけではない……7
②ホスピタリティの誤解……8
③発展するホスピタリティ……10
④ホスピタリティとサービスの違い……11
⑤ホスピタリティの定義……14
⑥ホスピタリティの領域……15
⑦ホスピスにおける自己成長……17

### 4．ホスピタリティ精神 ———— 18
①相手を受け入れる……19
②情報創造、価値創造を行う……20
③主客同一関係……21
④一期一会……23
⑤ Well Being……23

### 5．古典に見るホスピタリティ ———— 24

### 6．「思いやり」「おもてなし」を検証する ———— 25
①「思いやり」の構造……25
②「おもてなし」の構造……27

### 7．ホスピタリティは無償の愛 ———— 30

第1章のまとめ　……31

# CONTENTS

## 第2章 ホスピタリティ精神を経営に活かす ——— 33
～ホスピタリティ精神からホスピタリティ文化へ～

### 1．ホスピタリティ経営 ——— 34
①経営方針の変遷……34
②ホスピタリティ経営の課題……35

### 2．企業のホスピタリティ文化 ——— 37
①伊那食品工業のホスピタリティ文化……37

### 3．地域のホスピタリティ文化 ——— 41
①高山市のホスピタリティ文化……41
②熊本県の総合的ホスピタリティ文化……45
③キャラクターに見る「くまモン」のホスピタリティ精神……50

### 4．製品開発におけるホスピタリティ精神 ——— 54
①製品開発でのケース……54
②ホスピタリティにおける「持続的発展」……55

第2章のまとめ ……57

## 第3章 ホスピタリティ・コミュニケーション ——— 59
～経営から育成まで広範囲のマネジメント～

### 1．他者と建設的かつ相互支援的な関係性を築く力 ——— 60
①ホスピタリティ・コミュニケーション……60
②コミュニケーションマインド……61
③相手に対して開く……62
④相手の文脈を「知って読む」……66
⑤相手の文脈を「感じて読む」……68
⑥相手の立場に立った発信……75

## 2. ホスピタリティ的側面としての共感性の発揮 ── 76
①あなたが私を理解者だと思う……76
②「伝える」から「聞く」ホスピタリティ・コミュニケーション……80
③判断保留の原則……85
④私メッセージ……88
⑤状況の法則……89

**第3章のまとめ** ……94

# 第4章 ホスピタリティ・マネジメント ── 95
〜ホスピタリティを職場マネジメントに活かす〜

## 1. 職場で発生している諸問題 ── 96
①職場マネジメントの実態……96
②時代のトレンド……97
③職場におけるメンタルヘルスの現状……98
④SSMの重要性……100
⑤262の原則の扱い方……102
⑥人間力強化の必要性……103

## 2. 職場マネジメントにおける問題点への ホスピタリティ的アプローチ ── 104
①管理行動の実態……104
②心の悪い癖が職場を荒らす……107
③「悪い心の癖」のソリューション……109

## 3. ホスピタリティにおける意思決定能力 ── 111
①正しい意思決定は接触から経験則へ……111

## 4. ホスピタリティにおける感謝と支えあい ── 113
①感謝の本来の意味……113
②「支え」と「支える」側の支え……115
③援助論の必要性……116

**第4章のまとめ** ……119

## 第5章 ホスピタリティ・コンプライアンス　——— 121
### 〜ホスピタリティとコンプライアンスの関係〜

#### 1．企業倫理とホスピタリティの関係 ——— 122
①企業における不祥事発生の構図……122
②コンプライアンスの考え方……123
③不祥事は人が起こす……125

#### 2．見えない「職場の掟」の存在 ——— 126
①「職場の掟」と法令遵守……126
②倫理とホスピタリティの関係……128
③不祥事発生を阻止する人間らしさ……133

#### 3．「職場の掟」へのホスピタリティ的ソリューション — 134
①「職場の掟」をどのように受け入れるか……134
②自分のインテグリティを認識する……136
③人間らしさとホスピタリティ……137

第5章のまとめ ……143

## 第6章 ホスピタリティ・セールス ——— 145
### 〜ホスピタリティをセールスに活かす〜

#### 1．時代にあわせたセールス体制 ——— 146
①ホスピタリティ経済の変遷……146
②営業活動の変遷……146
③顧客ニーズの変化……148

#### 2．顧客に向けたホスピタリティ・セールス ——— 150
①顧客が買うもの……150
②顧客が得るもの……154
③顧客が得る具体的成果を創造する……156

#### 3．ホスピタリティ・シップ ——— 159
①顧客の商談への参加性……159
②興味を持ちそうな共通の話題を取り上げる……160
③態度・姿勢・身だしなみ……161

### 4. ホスピタリティ・セールスの回帰 ── 163

[第6章のまとめ] ……166

## 第7章 ホスピタリティ志向による効率化 ── 167
〜ホスピタリティを効率化に活かす〜

### 1. 仕事の進め方の変化 ── 168
①役割・意識の変化……168
②仕事をこなすから仕事を創る……169
③守りの姿勢から攻めの姿勢へ……171

### 2. 顧客に向けたホスピタリティ・マインド ── 172
①顧客満足経営の背景……172
②組織にとっての顧客とは（顧客像の確立）……173
③効率化の視点：機能・目的……176
④効率化の視点：業務の内容……178

### 3. ホスピタリティ志向による効率化の展開 ── 179
①組織ミッションの確認……179
②効率化対象業務決定のポートフォリオ……182
③欠点列挙法の活用……185

### 4. ホスピタリティによって職場を革新する ── 186

[第7章のまとめ] ……188

## 第8章 ホスピタリティと人材育成 ── 189
〜ホスピタリティを人材育成に活かす〜

### 1. 人材育成の考え方 ── 190
①昔からあった日本人の科学的育成法……190
②人材育成の必要性……191
③産業界での現状……193
④ホスピタリティ産業の実態……195

2．即戦力から将来期待できる人材へ ───── 197

　　3．教育投資の価値 ───── 202

　　4．育成するホスピタリティ能力 ───── 203
　　　　①アビリティとは……204
　　　　②コンピタンスとは……204
　　　　③セレンデピティとは……206

　第8章のまとめ　……209

## 第9章　ホスピタリティとスピリチュアルケア ───── 211
〜ホスピタリティの本来の姿〜

　　1．スピリチュアルの領域とは ───── 212

　　2．死生観について ───── 213

　　3．ホスピタリティと死生観 ───── 213

　　4．死の受容 ───── 216

　　5．50歳代キャリア教育の在り方 ───── 219

　　6．ホスピタリティにおける「愛」 ───── 220

　第9章のまとめ　……224

**付録　ホスピタリティ度診断チェック表** ───── 225

あとがき……229

参考文献……230

さくいん……233

# 第1章

## ホスピタリティの実践
～革新的な体制づくりの第一歩～

　様々な雇用形態、勤務形態、性別、人種が働く、ダイバーシティ化した現代の職場では、お互いの立場の違いを受け入れ、尊重し合い、共生する職場づくりが求められている。しかし、ベストセラーとなった『不機嫌な職場』（講談社現代新書）に代表されるように、多様化した職場内の人間関係は必ずしも良好とはいえず、むしろ「職場がギスギスしている」ことによる弊害が多く散見されるのが現状である。ホスピタリティは多種多様な異質性を含む人間間や組織間の潤滑油となり得る。そして、個人や様々な組織の日常におけるホスピタリティの実践は、革新的な組織づくりの一歩となる。

# 1. 現代の組織の状況

「ウサギとカメ」という物語がある。

足の速いウサギと歩みの遅いカメは、山のふもとまでかけっこの勝負をした。勝負が始まると、予想通りウサギはどんどん先へ行き見えなくなってしまった。ウサギは少しカメを待とうと、余裕綽々で居眠りを始めた。それを横目にしてカメは着実に進み、カメがゴールするという物語である。

教訓として、自信過剰で思い上がり油断をすると、物事を逃してしまう。また、能力が弱く、歩みが遅くとも、脇道にそれず、着実に真っ直ぐ進むことで、最終的に大きな成果を得ることができるということをあらわしている。

この教訓と異なる見方をした場合、「ウサギは本当に居眠りをしているのだろうか。」という心配がカメには必要であった。熱中症、事故によって倒れているのではないか、または心筋梗塞、脳梗塞の可能性もあるのではないか、ということを想定して様子を見るべきであった。

しかし、カメはウサギに対して心を配ることはせず、ゴールすることを優先したのである。こうした視点で読み解くと、この寓話は今のビジネス環境をあらわしている。

では、組織という場で活動している人々の間で、あるいは、それをとりまく職場の中では、いったい何が起きているのだろうか。

### ●●① 組織における思いやりの欠如

成果主義が進む中で、自分のことで精一杯、他者に対して思いやりの心が欠けていることが挙げられる。多くの企業で採用されている成果主義人事・業績主義システムは、評価の基準が社員の扶養者数、年齢、学歴、潜在能力といった属人的な「人」基準から、目標達成度や重要職務のできば

えによる「仕事」基準に変わったことである。

　いわゆる、その人が仕事上で成果さえ出せば高い評価を受ける。その結果として、成果につながらないものはやらない、手間がかかって成果が見えにくいものはやらない、といった人事制度本来の主旨とは違う方向への思考が働き、様々な弊害が出現している。

　具体的には、リスクのある仕事はしない、管理者にはなりたくない、周りのメンバーの仕事はサポートしない、社内での人材育成は短期的に成果が出ないのでしたくない、といった状況が発生している。そして、成果のすべてが自分一人の実力であると錯覚し、ステークホルダーからの支援があったことは認めず周囲への配慮を欠くことになる。

　これらの状況は、成果達成のプロセスを誤認することにより他者に対する思いやりの欠如を促進することとなる。「人として求められるもの」が希薄になっているのが実情である。

##  ② 人としての人間性の欠如

　この状況は人間の正常な勘が麻痺状態に陥り、働かなくなっていることにある。人としての人倫に沿った行動ができなくなり、人間らしさが失われてきている。

　すぐにキレる子供や道徳をわきまえない若者たちが増えてきたが、これを子供や若者たちだけのせいにするのではなく、周りの大人たちについても検証するべきである。ジャージ姿、サンダル履きで、机の上は乱雑に書類が積まれている教師に教わった子供たちは、やがて周りのことを気にすることなく、コンビニ前の地面や車両の床に平気で座るようになる。

　顧客満足の実践が社内で徹底されているビジネスパーソンは、自分が顧客の立場になった場面では顧客の権利を振り回し、無理難題を押し付け王様のような振る舞いをする。

　若い女性は電車の中で化粧をし、男性は新幹線の中でアルコールを飲み大声で会社の愚痴を言い、グリーン車ではコミックを読むビジネスパーソ

ンが大半を占める。

　このような状態の中で、子供たちが健全に成長するはずがない。大人自らが人間性を失いかけ、子供たちもそれに呑まれ、社会全体が本来の人間性の体をとどめていないのである。

## ●● ③ 性悪説の台頭による弊害

　事故が発生してから対処するといった、その場しのぎの後手の対応となっているのが現状である。

　不祥事が発生したときの役員層の謝罪会見では、「申し訳ございませんでした。」と単に謝れば済むと簡単に考えている風潮が蔓延してきている。重大な不祥事から軽妙な不祥事まで、すべてをこの言葉で済ませている。

　特定企業が度重なる不祥事を起こしたとしても、毎回「申し訳ございませんでした。」という通り一遍の同じ言葉である。最初のお詫びはこれで良いとしても、同じような不祥事が再度発生したら謝罪の言葉は変わってしかるべきである。

　1997年に山一証券が経営破綻したときの社長の謝罪会見では、「社員は悪くないんです、私が悪いんです、許してください。」と絞り出すような心からの声で謝罪をしていた。これが本来の謝罪ではないだろうか。

　謝るということは、相手が許してくれるという性善説の前提に基づく行為である。心からの言葉でない謝罪や謝らないという行為は、詫びても相手は許してくれないという性悪説が前提となっている。

　過去に、県警で不祥事が多発したときに、度重なる記者会見で本部長のコメントが変化する。それに対して記者が、「本部長は嘘を言っているのではないか。」との問いに対し、本部長は「私は嘘など言っていない。事実と違うことを話しただけだ。」と釈明した。これこそが、謝る気が毛頭ないという意思表示をしているようなものである。

　その原因は、当事者意識が希薄で他人事になっていることに起因する。または、あらゆる組織が共同体化し、共同体(会社)の維持、存続のみを

強く志向し、他者のことは顧みないとする傾向を物語っているのである。

## ④ 組織における個々人のモチベーションの低下

　標準化やシステム化が進み、雇用形態が変化し、長年の経験を積んだプロフェッショナルと呼ぶにふさわしい職業人が減少している。リーマン崩壊後、日本では派遣切りが行われ、工場から多くの派遣社員が解雇され社会問題となった。このことは工場において、プロフェッショナルといわれる技術者がクラフトマンシップを持ちモノづくりをしているのではなく、派遣社員がモノを作っているということを明らかにしたことでもあった。

　さらに分業化が進み、自らの仕事を自己完結できないことから達成感や充実感が得られず、仕事に対しての意味や価値が見えなくなってきている。

　そして、効率化の推進によって働く個々人に精神的な余裕がなくなり、モチベーションの低下につながっているのである。

## ⑤ 職場の不活性化の原因

　世界的な規模で競争が行われるようになり、これまでの経験からだけでは成果を上げていくことができなくなっている。マネジメントも過去のやり方では限界がきており、不協和音が発生している。

　科学的マネジメント手法に傾倒し、マネジメントスキルだけを身に着け、様々な個性を持った部下をまとめようとしているが、必要なものはそれだけではない。マネジメントとは、癖を持ったメンバーを絶妙な組み合わせで融合して目標を達成していく職人技である。その根底にはマネジャー自身の強いマインドが必要不可欠である。

　しかし、今日のマネジメントではマインドを見失い、スキル、テクニックだけでマネジメントをしている。その結果、職場は不機嫌になりギスギスした職場が発生し、鬱状態になる社員も増加し「5時まで鬱」という言葉まで発生している。

雇用形態の変化により多様化した職場内の人間関係は必ずしも良好とはいえず、他にも様々な問題を抱えているのが現代の組織である。

## 2. 組織の問題解決をするホスピタリティ

これらの問題に対して組織は、マネジメント強化やOJT、コミュニケーションといったスキルテクニックの向上、仕組みの変更で対応してきた。

忘れられていたのが、その根底にあるマインドである。人としてどう考えるのか、どのように行動するのかが置き去りにされてきたのである。

効率化の過度な追求は非能率を生み出し、職場を荒らすことになる。産業能率大学の創設者上野陽一が提唱した「能率学」はフレデリック・テイラーによる科学的管理法がベースになっているが、上野は「能率」=「効率」+「人間性」とし、人の「モチマエ」を強調している。「能率学」は、マネジメントにおける個人の幸福にかかわる学問でもある。

現状におけるこのようなマネジメント体制を補完するためのマネジメントコンセプトが、「ホスピタリティ」である。ホスピタリティは、「思いやり」「おもてなし」と認識されているが、それは表層的な側面であってすべてではない。ホスピタリティはお互いの立場の違いを受け入れ、共生することを志向する「利他主義的行動」を是とする考え方であり、広義の定義は「社会倫理」であり、狭義の定義は「人倫」である。

ホスピタリティは、深い人間観察に基づく自己革新のための実践的な方法論を発展・構造化したものである。近年、ホスピタリティ経営学、ホスピタリティ会計学など、ホスピタリティ概念をベースにした学問領域が拡大しつつあり、その思想の深さ・広さは職場マネジメントにも有用な知見をもたらすと考えられる。

ホスピタリティ本来の考え方が様々な業種・業界に適用され、組織のマネジメントソリューションに貢献しうる方法論になることを提案する。

# 3. ホスピタリティとは何か

## ① ホスピタリティは、「思いやり」「おもてなし」だけではない

　ホスピタリティは歴史的にみると、欧米において、ホスピタリティ産業として認識されてきた。ローマ帝国の時代に人の移動とともに必然的に拡大していったのがホテルとレストラン、そして旅行がその分野である。これは、地域の発展と外貨獲得に大きな貢献が期待できるという認識があったため、様々な国で重要な産業として位置づけられてきたのである。

　このような産業に最も近い分野は、日本語でいう「観光」の分野である。観光とは「光を観る」と書き、サンスクリット語で「光」はDivであり、この言葉から派生したDevaは、知恵、神をあらわす。都会の喧噪によって自分の心の光を失いかけた人々が旅に出て、新しい土地で様々な出会いや体験をして、再び自分の心に輝いている光を見つめ直し、心を癒すことである。このような意味から、医療・福祉にも適用の範囲は広がってきたのである。

　地域発展という発想は町の活性化であり、外貨獲得は旅行業、宿泊業、輸送業のみならず、製造業や小売流通業、IT産業にも拡大されるのである。

　「ホスピタリティとは何か」を辞典で調べてみると、以下のような回答にあたる。

---

・心のこもったもてなし。手厚いもてなし。(日本国語大辞典)
・客や他人の、報酬を求めない厚遇、歓待、心のこもったサービス。(ランダムハウス英和大辞典)
・訪問者を丁重にもてなすこと。(大辞林)

---

　このように、ホスピタリティは「おもてなし」「思いやり」であると言い切ってしまっている情報が多いのが実態である。

たしかに、ホスピタリティに関する概念は、ホテル・旅館、レストランといったサービス業、そして医療機関・福祉などの一部のホスピタリティ業界を対象に、「思いやりの心」や「おもてなしの心」として捉えられてきた。
　しかし、ホスピタリティの概念は広く、全産業に対して導入が可能である。
　だが、製造業、IT産業などにおいて「思いやりの心」や「おもてなしの心」とは何をすることなのか、となると答えが存在しないのが現状である。単に「おもてなし」「思いやり」のみの解釈であった場合、他の産業界へは導入が困難となる。
　したがって、「まえがき」でも触れているが、一般企業においても、サービス業、医療機関・福祉などにおいても、ホスピタリティの実践というと「思いやりのある、心からのおもてなし」というスローガンで終わり、ともすると、お辞儀の仕方やあいさつの仕方のようなトレーニングに位置づけられ、ホスピタリティはマナーと同レベルに扱われてきた。
　しかし、これらはホスピタリティのほんの一部分を見ているにすぎないのである。ホスピタリティの概念を広義に捉えた場合、その適応範囲は特定の業界・業種からさらに拡大し産業界すべてに適応できる可能性がある。
　ホスピタリティの考え方は、様々な業種・業界に適用され、組織のマネジメントソリューションに貢献する方法論となるのである。

 **② ホスピタリティの誤解**

　今までのホスピタリティは実践を通した事例のみが露出され、根底にあるホスピタリティの理論は置き去りにされてきた。成功事例とされたテーマパークや外資系ホテルなどの事例が先走りをし、「この時にはこの行動をした」「あの場合はこう考えた」という一部の現象を切り出してそれを積み上げ、後付けで「これがホスピタリティである」という理論構築をしてきた。現在、刊行されているホスピタリティ書物のほとんどが事例集である。

しかし、各事例は個別のものであり独自な状況が存在する。そのため事例の再現性は難しく、当事者である企業であっても状況が変化すると暗中模索をしながら実践しているのが実情である。

　同業種の企業は「ホスピタリティについて良い話を聞いたが自社ではそこまでは真似できない」という結論に至り、異業種に至っては生産財メーカーがディズニーの話を聞くように、ビジネスドメインが異なるために、その事例を参考にすることさえも困難な状況が発生している。

　これにより多くの企業は、ホスピタリティは特殊なものであり、自社での導入は困難であり、無意味であるという結論を出してしまっているのが現状である。

　これらの原因は、ホスピタリティに関する理論が浸透されておらず、さらにはホスピタリティを狭義で捉え、「おもてなし」「思いやり」という表層的な側面でしか理解されていないことにある。その結果ホスピタリティというイメージだけで理解し、自社にとっては無縁の存在であり、不適応であるという状況が存在する。

　逆にサービス産業においては、「おもてなし」「思いやり」のみに特化し、「あいさつ」「笑顔」「身のこなし」、果ては「名刺交換」に注力してマナーレベルの教育を徹底しているのが実状である。マインドや組織の仕組み、風土、事業戦略、社会倫理、人倫などは置き去りにされ、基盤となるものを認識がされていないのが実際である。

　現状のビジネスとホスピタリティを関連づけるときに、従来使われてきたホスピタリティという言葉の概念に縛られてビジネスに結びつけられない人と、コンセプトを広く柔軟に解釈して、様々な部分に関連づけてビジネスを展開できる人との間で、今後、大きな違いが出てくるであろう。

　ホスピタリティの理論は普遍的であり、いつの時代もどのような業界にも適応する。そのために必要となる「ホスピタリティ理論」と「実践方法」を後章において提案していく。

## ③ 発展するホスピタリティ

　ホスピタリティの概念は広く、深いマインド醸成と方法論を伴っている。
　ホスピタリティは、特定の業種・業界に働く人材にのみ有効なのではなく、広く様々な業種・業界に適用され、「不機嫌な職場」などの解決に寄与するためのマネジメントソリューションの方法論になることを提示していることに斬新性があるといえる。
　組織は人と人との集合体である。組織を良い方向に変え、社会に貢献するためには、人そのものを捉えていくことが重要である。焦点となるのは、人が持つべき「人間らしさ」であり、ホスピタリティとは、人間そのものを真正面で捉え、「人間らしさ」ということはどういうことなのかを問い、その状況に合わせて独自対応をとることである。

　東日本大震災時に、東京ディズニーリゾート（TDR）のキャストが、パーク内に取り残されているゲストを守るために、現場のスタッフの判断で、売り場のぬいぐるみ、お菓子、毛布などを無料提供したというホスピタリティ的行動の報道がなされたが、それがオリエンタルランドの組織風土となり、会社のブランドとなるのである。
　これは、キャストが自主的にゲストの安全と顧客満足のために起こした行動で、人として人に対して、そのときに何をしなければならないかという、人が本来持つ「人間らしさ」という、マニュアルを超えたサービスが提供されたのである。
　そして、夢と魔法の国の実現のために、ゲストに感動を与えるのが仕事であるというミッションを制定し、それらの行動を受容し、承認し、さらに奨励する組織の仕組みも存在する。
　通常の企業がこのような状況に遭遇した場合、現場はまず上司の承認を得なければ動けないものである。TDS（ディズニーシー）内限定で発売されているダッフィーを毛布代わりに無料提供するのである。上司も独断で判断はできなので商品部に確認を入れる。商品部は「ダッフィー以外に

代用できるものがあるのではないか」と総務部に防災備蓄品の確認をする。

　このような責任回避行動をとっているうちに、現場では時間がどんどん経過していく。さらに災害という状況を省みると、各部門の責任者の情報ラインは頓挫し、何の指示、命令も出せない状態となる。

　その間、現場での笑顔、声がけ、身のこなしだけで安全と安心、満足と感動が提供できるかというと、答えは無理である。表層的な「おもてなし」「思いやり」の訓練だけで終始していると、化けの皮がはがれるのである。

　TDRの実践の根底には理論があり、理屈が存在し行動があらわれる。組織でいえば、理念・行動指針があり、事業計画があり、現場のマネジメントがあって初めて現場の動きが変わるのである。

　ホスピタリティは経営理念に反映させることも、行動指針に導入することも可能であり、事業計画のベースに置くことも可能である。組織に介在する人そのものに導入することも当然可能である。全社の機能が融合することによって、ホスピタリティが組織活動で活きてくるのである。

　必要となるのは一人ひとりが持つ「ホスピタリティ精神」であり、この集合体である「ホスピタリティ文化」である。ホスピタリティの精神を持つということは、人を快く受け入れる行為を実践することであり、この行為を実践することが、人としてホスピタリティのアイデンティティを持って生き続けるということである。

## ④ ホスピタリティとサービスの違い

　日本では、ホスピタリティをサービスの一部を切り取ったものであると誤認識されてきた。その原因には、日本におけるホスピタリティ産業とはサービス産業の中でも特にホスピタリティという要素が強い産業群であり、ビジネスにおいて重要な核としてホスピタリティが機能することを期待される産業であるからである。（図表1－1）

#### 図表 1-1 ホスピタリティという要素が強い産業群

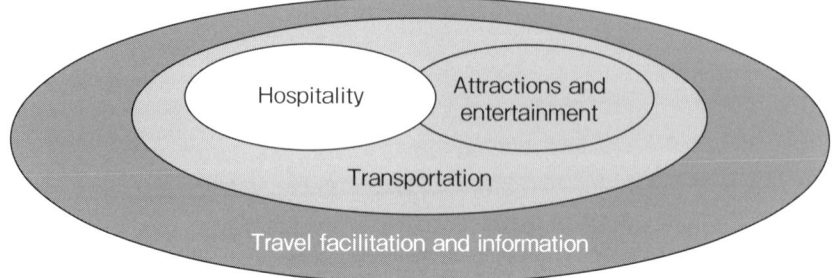

それらの産業は、
- Hospitality（飲食店業・ホテル・会議場・マリーナ等）
- Attractions and entertainment（テーマパーク・観光地等）
- Transportation（航空・電鉄・バス等）
- Travel facilitation and information（旅行業・コンベンションセンター等）

などが代表とされる。

　日本でのホスピタリティの解釈は限りなくサービス業の延長線であり、狭義であり、特別視されているのが現状である。
　しかし、あくまでもホスピタリティはサービスを包括し、さらに、その上位概念に存在するものである。（図表 1 − 2）
　質の維持をマネジメントすることがサービスの概念（Quality management）であり、これはマニュアル化や標準化が可能である。コンビニのように全国どこに行っても同じ対応が受けられ、同じ商品が手に入る。訓練や手順書の完備によりそれらが実現でき、機械化も可能である。
　ホスピタリティの概念（Value management）は、付加価値を提供することである。標準化は不可能であり、状況にあった対応や潜在ニーズにあわせた付加価値の交換が求められる。個性化、多様化した状況においては、対応する人の人間性や独自化された提供物が求められる。産業界は市場に

対して付加価値の提供と創造を行う活動を行っているのである。これらのことから、全業界にホスピタリティは適応可能であるといえる。

図表1-2 ホスピタリティの概念とサービスの概念の位置づけ

```
ホスピタリティの概念  Value management
    サービスの概念
    Quality management
```

さらに、サービスは有償の提供物であり、一方的、一時的な関係である。ホスピタリティは無償の提供物であり、双方向といえる。(図表1－3)

提供物（商品・製品）にはコストがかかっているので、相手から対価を得ることは当然である。サービスもサービス業という言葉に代表されるようにコストがかかっているので、それにあった対価を得ることができる。

しかし、ホスピタリティは無償で提供するものである。人件費というコストはかかっているが、言葉遣いやしぐさなどについて対価を得ることはできないのである。

図表1-3 ホスピタリティは無償の提供物、サービスは有償の提供物

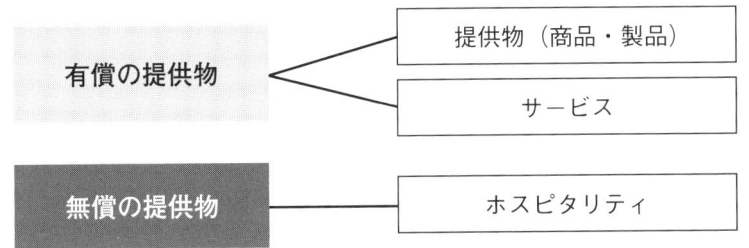

鉄道業などの接遇向上研修の場面において、「少なくても航空業界のCA（キャビンアテンダント）レベルの接遇を目指しましょう」というと反発がおこる。理由として、航空業界は数万円の運賃を顧客から得ている

からできるのであって、我々は数百円の商売をしているので無理だということである。

　たしかに、航空は鉄道と比べると高額な運賃をとっている、だからドリンクサービスや快適なシートなどを提供できる。これらはサービスの領域にあたり、対価を得ることによって有償の提供物を提供しているものである。エコノミー・ビジネス・ファーストと席のタイプがあるように、鉄道にも特急・グリーン席・寝台などの区分けがあり対価が変わる。これらはサービスの領域であり、有償の提供物である。

　しかし、無償の提供物であるホスピタリティは、価格によって変動は発生しない。数万円の運賃を得ているから「お客様、洗面所は右奥手前でございます。」と言えて、数百円の運賃だから「便所はあっち。」という言い方しかできないという根拠は存在しない。対価の変動にかかわらず、無償で提供するものがホスピタリティである。

## ⑤ホスピタリティの定義

　日本ホスピタリティ・マネジメント学会では、ホスピタリティを以下のように定義している。

〔広義のホスピタリティの定義〕
「人類が生命の尊厳を前提とした、個々の共同体もしくは国家の枠を超えた広い社会における、相互性の原理と多元的共創の原理からなる社会倫理」

出典：服部勝人著『ホスピタリティ・マネジメント学原論』（丸善）より引用

〔狭義のホスピタリティの定義〕
「ホストとゲストが対等となるにふさわしい相関関係を築くための人倫」

出典：服部勝人著『ホスピタリティ・マネジメント学原論』（丸善）より引用

広義の定義は組織のみではなく国家間においても言及している。国家の枠を超えるという具体的手段は国連であり、赤十字であり、インターネットでもある。政府からITまでがホスピタリティの範疇となる。相互理解から相互発展に向上するスパイラルな共創関係を追求し、ベースとなるものは社会倫理である。

狭義の定義における対等となるにふさわしい関係は、双方に優劣、上下がなく、相互間における影響が穏やかで道理に当てはまっていることを指す。双方が自然に変化していき、両者の関係が完成された姿を目指し、ベースとなるものは人倫である。

教育論として是非はあるが、ホスピタリティでは義務教育における教員と生徒の間には狭義のホスピタリティは存在しない。生徒が教師と対等であった場合、生徒は友達のような態度と言葉を教師にかける。それに対して教師も同様に対応した場合、人倫が否定されることになる。目上の人を敬い、下の者を正しい方向に導いていくという道徳観が育たなくなるからである。しかし、教育の時間、現場から離れた場合はその限りではない。

##  ⑥ホスピタリティの領域

このようなホスピタリティ本来の定義で捉えると、その適応範囲はすべての産業に拡大する。
- ホスピタリティ文化のない電力会社は、人の目にどう映るか。
- 食品偽装をしている企業、虚偽の情報を提供している金融会社はどうなのか。
- 国民に対してホスピタリティ精神のない国家は、世界からどう見られるか。

これらは異端の目で見られることは確かであり、理由はそこに人倫や社会倫理が存在していないことが挙げられる。いわゆるホスピタリティ精神が薄い人たちの集団といえる。現代の環境では産業界でも国家間でも、お

互いの立場の違いを受け入れ、共生する体制づくりが求められている。ホスピタリティは社会道徳を構築するための基礎であるともいえる。

　ホスピタリティの領域は広く、そして意味するところは日常性と非日常性の両面を併せ持っているものである。（図表 1 − 4）

**図表 1-4　ホスピタリティの領域**

| ホスピタリティ領域 ||||| 
|---|---|---|---|---|
| 日常性を回復する || 非日常性を提供する |||
| 援助する || 傍に存在する | 楽しみを与える ||
| ホスピス<br>病院 | マッサージ<br>湯治 | レストラン<br>販売 | 観光<br>ホテル・旅館 | リゾート |
| 治療 | 癒し | もてなし | 快適 | 快楽 |
| 人倫・社会倫理 |||||

　ホスピタリティを領域として捉えると、「日常性の回復」と「非日常性の提供」という対極の発想がある。日常的な行動が行えない対象に対してそれを援助し回復させることと、日常的な行動が順調にできている対象にそれを阻害し、あえて異次元の空間に追い込むことは発想を 180 度転換することを意味する。

　発想転換の基軸となるのは人倫と社会倫理であり、人としてその行動が正しいのか、社会に存在する一員として社会の規範から逸脱した行動になっていないかを検証しながら行動することが求められる。それだけホスピタリティの領域は複雑である。

　ソリューションビジネスというのは顧客への「日常性の回復」であり、iPad やスマートフォンなどの新商品開発は、顧客の「非日常性の提供」である。エコ商品や太陽電池は地球を「援助する」に入り、建築資材、機械部品もパートナー企業を「援助」、完成品はエンドユーザーの生活を「楽

しませる」という解釈ができる。

　ホスピタリティはこのように広く解釈でき、すべての産業界に関係するものである。

## ⑦ホスピスにおける自己成長

　日常性の回復には、ホスピスという項目が存在する。ホスピタリティ（hospitality）の語源は、ラテン語のhospics（客人等の保護）であり、それが英語のhospital（病院）、hospice（ホスピス）という言葉に発展した。ホスピスはがんまたはAIDSのターミナルケア（終末期医療）の患者様が入所する施設を指すが、建物に依存するものではなく、ケアの原理やコミュニケーションの方法に依存するものである。

　ホスピタリティでは、終末期の状態であっても日常性の回復の働きかけを目指す。キーワードは「自己成長」である。

　しかし、東洋思想ではこのような状況においては、すべての思いを捨て、心置きなく「成仏する」という発想があり、現世での成長よりも来世での成長を促していることに相違点がある。

　1952年に公開された黒沢明監督の『生きる』という映画は末期の胃がんに侵された役所勤めの主人公が、心置きなく逝くために思いの限りの豪遊をするが後にはむなしさが残る。そのむなしさが、今まで役人として流されて仕事をしてきた自分の人生と重複される。そして、逝く前に一仕事してみようと思い立ち、残された限りある命で住民の要望であった公園を造ることに尽力するという映画である。最後は完成した公園のブランコに乗り歌を歌いながら命が尽きる。これは「死ぬ」というテーマを扱っているが、タイトルは『生きる』である。死ぬことがわかっていても、自分は最後まで生き抜く。そのためには日常性を回復することが必要であり、最後の日まで自己の成長を促進することが重要とされる。

　このようにホスピタリティはどのような状況にあっても人は生き、自己

成長するという意味を持っている。ジョン・ウエインは自分が末期がんに侵されたことを知り、「ファンにこのような苦しみを味あわせたくない」という心から私財を拠出し寄付を募り、最後の人生を「ジョン・ウエイン癌研究所」の設立に尽力を注いだ。

ホスピタリティにおけるホスピスは、どのような状況であっても成長し自己を研鑽するという人間性の涵養を包括しているのである。

# 4. ホスピタリティ精神

ホスピタリティの具体的な考え方とは、いったいどのようなものなのだろうか。

ホスピタリティを日本語の一言で表現することは不可能である。それは数多くの意味を内包しているために、一言であらわすと本来の意味の10分の1も理解できないであろう。

それをあえて表現してしまったものが、「思いやり」「おもてなし」であり、偏った認識となってしまっている。

ホスピタリティ精神の基本概念は図表1-5の通りであり、一人ひとりがホスピタリティ精神を持つことにより、その集合体がホスピタリティ文化となるのである。

**図表1-5** ホスピタリティ精神の基本概念

- ● 相手を受け入れる
- ● 相手の期待、願望を予測する
- ● 情報創造、価値創造を行う
- ● 相互性
- ● 主客同一
- ● 一期一会
- ● Well Being

第1章　ホスピタリティの実践

## 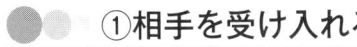①相手を受け入れる

　まず、ホスピタリティは、どのような相手も無条件で受け入れることがベースとなる。

　受け入れの姿勢は「平等に」が原則である。ホスピタリティ領域の中に「ホスピタリティツーリズム」という考え方があるが、観光地は観光客（よそから来た人）を無条件で受け入れ、観光地が潤い、観光客は旅の思い出を持って帰路につくことを意味する。このとき、観光客と観光地はWin-Winの関係になる。

　ホスピタリティ（hospitality）の語源は、ラテン語のhospitalitasを経てhospesにさかのぼる。hospesという言葉は本来、客と同時に異人をあらわし、そこから派生した言葉にhostisという言葉がある。これは異人と同時に「敵」を意味する。つまり、歓待やもてなしを意とするホスピタリティの言葉が、自己と相反する者、自分と全く異なる価値観を持ち、何をしでかすかわからない敵を受け入れるという意味をも含んでいる。

　「敵を受け入れる」ということは、敵の行動を受け入れ敵に同意しなくてはならないということを意味するのではなく、対話（ダイアローグ）の用意ができているということを意味している。

　昭和の初期に元ハンセン病患者の方々は、誤った認識による偏見があった。その中で弘法大師のご利益にすがるために、そして生きるために四国を目指した。四国遍路である。他のお遍路さんに遭遇しないようにカッタイ道という裏道を通り遍路を続けるが、当時の四国4県の住民は遍路が元ハンセン病患者であっても受け入れてきた。当時としては一般的には受け入れがたい敵（よそ者）を受け入れ、「お接待」として飲食を提供し、「善根宿」として寝場所も提供した。この意味で四国4県の県民はホスピタリティ精神を持つ住人であり、ホスピタリティ文化がある県といえる。

　英国（The United Kingdom）の正式名称は「グレートブリテン及び北

アイルランド連合王国」である。すなわち、イングランド、スコットランド、北アイルランドなどの連合王国で成立している。これらの国々は侵略戦争をしていた敵同士であるが、連合国になった時点で敵を平等に受け入れ出来上がったのが英国の国旗である。（図表1－6）

### 図表1-6 英国の国旗の成り立ち

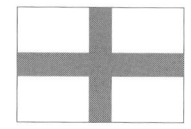
イングランド

スコットランド

北アイルランド

英国（UK）

　過去の歴史では戦勝国が自国の国旗のもとに敗戦国を従わせるというのが通常であるが、英国の国旗は、敵を平等に受け入れた結果のデザインである。英国はホスピタリティ文化がある国といえる。
　これらのことから、ホスピタリティは人だけではなく、国や地域、組織にも存在するものであり、これをホスピタリティ文化という。

## ②情報創造、価値創造を行う

　次に、ホスピタリティの実現のためには、相手の願望や期待を予測してお互いが価値創造していくことが求められる。
　相手のニーズを認識し、相手が気づいていない潜在的なニーズ、つまり仮説ニーズを提示することにより顕在化ニーズとして成立させる。また、顕在化されているニーズは確実に傾聴し把握する。それらのニーズに基づいて、相手が想起していない行為を創造し、そこになかったものを新たに作り上げ、相手を歓待する。そして、相手に対して歓喜と感動を与えるのである。
　具体的には、出会いである相互容認・相互理解から相互創造・相互発展へと、お互いを高めていくことが必要となる。

### 図表1-7 共創的相関関係

| | | | |
|---|---|---|---|
| ↑ | 共進 | 相互発展 | 高めあい |
| | | 相互創造 | |
| | 共働 | 相互依存 | 頼りあい |
| | | 相互扶助 | |
| | 共和 | 相互信頼 | ふれあい |
| | | 相互確立 | |
| | 共同 | 相互理解 | 出会い |
| | | 相互容認 | |

出典：服部勝人著『ホスピタリティ・マネジメント学原論』（丸善）を参考に著者作成

　図表1－7の概念からすると、「思いやり」「おもてなし」という行為は、「共同」「共和」のレベルまでが範疇となっている。

## ③主客同一関係

　前段で触れた「平等に」という考え方は、お互いに優劣・上下のない主客同一関係という相互性の意味を持っている。

　ここで、主客同一を考えるうえで、ホスピタリティと混同して使われるサービスを取り上げる。（図表1－8）

　サービスの語源は「サーバント（召使）」であり、主従関係が発生する。ビジネスでパートナー関係とはいっても、実際には発注者が上位であり受注者が下位にあることは確かである。

　たとえば、営業担当者が顧客を訪問し提案をするときに「こんにちは」とあいさつすると、顧客も「こんにちは」と返してくれる。これは、人と人が対等関係にあるホスピタリティの位置づけである。

　しかし、提案活動が始まれば顧客は発注者、営業担当者は受注者という主従関係が発生する。そのため、営業担当者は営業マナーを守り敬語、尊敬語を使い顧客にサービス提供をする。提案が終われば「ありがとうございました」「お疲れ様でした」と、人としての対等関係に戻る。人として

図表 1-8 ホスピタリティは主客同一関係、サービスは主従関係

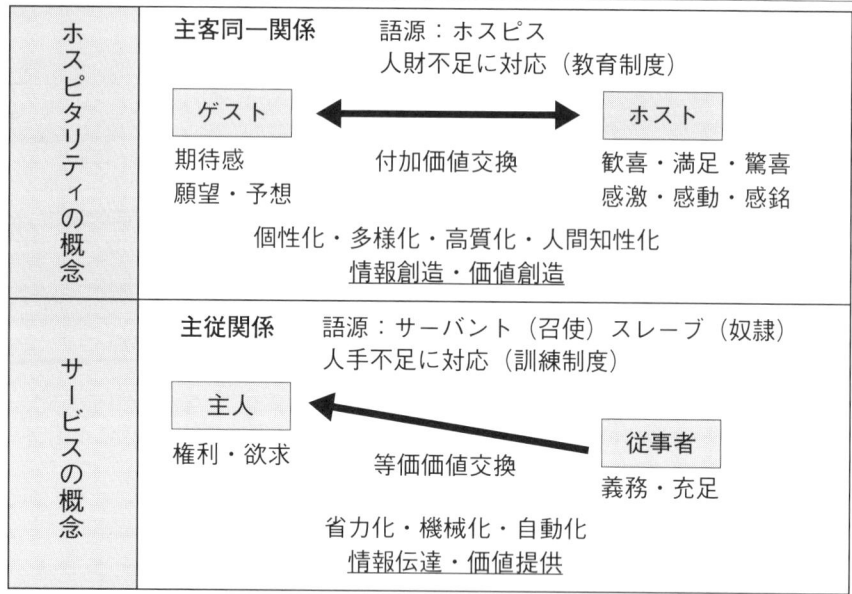

出典：服部勝人著『ホスピタリティ・マネジメント学原論』（丸善）を参考に著者作成

　対等関係にあるホスピタリティが基礎となり、その行為の具体的手段としてサービスが存在するのである。
　ホスピタリティはサービスの上位概念であり、サービスを包括していることがわかる。ホスピタリティは、人と人との関係において平等でありそのための人倫が基礎となる。

　シアトルに本部を置き、顧客満足全米 NO.1 といわれているノードストロームというデパートがあるが、この店の販売員はお客様と友人のように気軽に話をする。お客様も違和感なく対応する。このロジックは、お互いの平等を基礎に、相互発展までの領域に達した両者が存在する。

第1章　ホスピタリティの実践

　④一期一会

　一期一会は東洋独特の考え方であるが、ホスピタリティの概念に適合する。

　もとは茶道の言葉であり、千利休の弟子宗二の『山上宗二記』の中に「一期に一度の会」とある。「一期」は仏教用語で、人が生まれてから死ぬまでの間の意である「あなたとこうして出会っているこの時間は、二度と巡っては来ないたった一度きりのものだ。だから、この一瞬を大切に思い、今できる最高のことをする」という意味の茶道の筆頭の心得である。

　つまり、「これからも何度でも会うことはあるだろうが、もしかしたら二度と会えないかもしれないという覚悟で人には接しなさい」ということである。人と会うこと、今のこの瞬間はただ一度のみであり、瞬間の連続は永遠であり過去の経験へと変わっていく。

　この瞬間、つまり現在を大切にしなければならない。これからどうなるか、一秒後に何があるか、それは誰にも答えられない。

　今は元気だが、明日には死ぬこともある。だから、生きていることに感謝をして、周りの人を大切にするということでもある。

　⑤ Well Being

　Well Beingとは「well」と「being」がつながった単語であり、ロングマン英英辞典には「a feeling of being comfortable, healthy, and happy」とある。意味は「心地よく健康で幸せである感情」ということである。日本語訳としては、「幸福」や「安寧」「安楽」などがある。人間が存在するうえで、健康で幸福で繁栄できる状態のことをいう。物の豊かさと心の豊かさのバランスをとり、心地よい幸福な社会をつくっていくことであり、サスティナビリティ（持続的発展）であるということもできる。

　私とあなたの関係がよくなれば、私と皆様、私と組織、私と社会、私と自然、私と地球といったエコロジーにまで通じるものである。

# 5. 古典に見るホスピタリティ

　ホスピタリティの考え方は欧米から発生したものであるが、日本でも昔から同様なことがいわれている。

- 『曾我物語』
  ——「情けは人の為ならず、無骨の所へ参りたり、又こそ参らめ」
- 『太平記』
  ——「情けは人の為ならずとは斯様のことを申すべき」
- 『葵上』
  ——「思い知らずや世の中の情けは人の為ならず、我人の為つらければ、必ず身にも報うなり」
- 『世話尽』
  ——「情けは人の為ならず身に廻る」
- 『常夏草紙』
  ——「情けは人の為ならず、小半年の房銭を十倍にして取り返す日もありなんとて」

　これらに頻繁に出てくる「情けは人の為ならず」という言葉は、「いずれは巡って自分に返ってくるのであるから、誰でも快く受け入れる」というのが原義である。

　誰のためにやっている行為かというと、すべて自分のためになることだという認識が含まれている。利他主義的行動をとることにより、利己主義も成立するという、ホスピタリティでは利他も利己も同一関係におかれている。

　ちなみに「マタイの福音書7章12節」では、
　——「何事でも、自分にしてもらいたいことは、ほかの人にもそのように

しなさい」
という記述があるが、これは前向きであり発展性がある。

　儒教の考え方では、「自分が嫌なことは人にはするな」という後ろ向きで遡及性が伴う。

　このように、昔からホスピタリティという概念が成立していない時代でも、同様の考え方を発想していたのである。時代性が変わっても普遍的な要素を持っているのがホスピタリティである。

# 6. 「思いやり」「おもてなし」を検証する

　このようにホスピタリティの概念は広く深いものがあり、「思いやり」「おもてなし」だけでは説明しきれない。

　たしかに、思いやりの心やおもてなしの心もホスピタリティの本来の意味として同化しているが、これらはホスピタリティの一部を象徴することにすぎないのである。

　しかし、一般的にこの考え方が世間に浸透しているという実態があるので、「思いやり」と「おもてなし」について具体的に検証する。

　ここでは、それらがどのような構造となっているのか、そして、広義でのホスピタリティと、どのような共通点が存在するのかを探っていく。

## ① 「思いやり」の構造

　「思いやり」の「思い」は、相手の気持ちになって考え共感すること。「やり(遣り)」は、届ける・差し向ける・行うことである。したがって「思いやり」とは、自分が「その人の身になって考えること、察して気づかうこと」である。(図表1-9)

オスカー・ワイルドは『理想の夫』という演劇の中で、登場人物の一人に「自分自身を愛することが、一生続くロマンスの始まりだ」というセリフを言わせている。自分を愛し、肯定することは自からの存在が他の人に役立つという安心感であり、不足感から充足感へと変化する。自分のことを大切にし自分を育てる、その過程が他の人を思いやろうとする気持ちとエネルギーに影響する。

　「思いやり」は人間関係においてまず自分を肯定し、次に相手を肯定することを選択することが前提であり、「その人の身になって考える、察して気づかう」という姿勢で接することが、ホスピタリティを実現するうえで必要である。

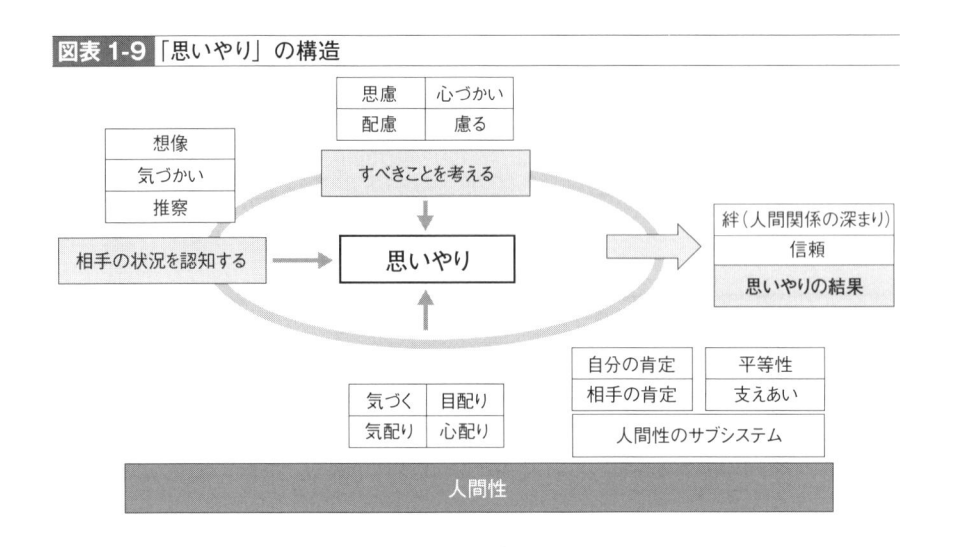

**図表 1-9** 「思いやり」の構造

| 思慮 | 心づかい |
|---|---|
| 配慮 | 慮る |

| 想像 |
|---|
| 気づかい |
| 推察 |

すべきことを考える

↓

相手の状況を認知する → **思いやり** ⇒ 絆（人間関係の深まり）／信頼／**思いやりの結果**

| 気づく | 目配り |
|---|---|
| 気配り | 心配り |

| 自分の肯定 | 平等性 |
|---|---|
| 相手の肯定 | 支えあい |

人間性のサブシステム

**人間性**

　「思いやり」とは自分を肯定し、対面している相手を肯定し、興味を持つことから始まる。その根底にはどのようなプロセスがあるかを検証すると、以下のようなことになる。

　目配り、気配り、心配りをすることにより相手に意識を向け、相手の存在を認める。存在を認めるには、どのような相手でも受け入れる「受容」

の姿勢が必要となる。

　そして、表情や行為を確認し受け入れ、相手が置かれている状況や抱いている感情を感じて読み込み認知をする。その情報により自分が今すべきことを考える。自分自身の主体性を持ちながら相手へ感情移入をし、すべき行動を考え実践する。

　その結果、相手に「思いやってくれたな」と理解してもらうことである。

　そのベースにあるのは、「人間らしさ」であり、自分の肯定と相手の肯定である。「思いやり」は自分を思いやることでもあり、自らの存在を肯定できる安心感を持つことである。

　すなわち、お互い人として平等であるということを自覚しなければ、このプロセスは働かない。

　東日本大震災以降よく使われるようになった「絆」は本来、お互いの平等性から生まれる。「助けてあげる」「手助けをさせていただく」といった両極端に触れる構造ではなく、人として「助ける」という中道な考えをベースとした発想が必要となる。

## ② 「おもてなし」の構造

　「おもてなし」とは、どういうことなのだろうか。

　中世における「もてなし」の意味には、「相手を手厚く歓待する」「世話をする」「相手に対する教養」「性格などで醸成された態度」「身のこなし」といったものがある。

　これが転じて「主に酒食を供してもてなす饗応やごちそう」を意味するようになり、飲食・宿泊関係に浸透していったのである。

　近代では、「もてなし」は強要され過剰になったことから、賄賂や訴訟に至る事態まで発展している。過度な「もてなし」が贈収賄になり、法で裁かれることは事実である。

　一般的な「もてなし」の行為に関して、接客業などでは特に問題なく実

践展開できる要素である。しかし、「もてなし」の考え方を他業界に展開するという前提に立つと、違和感を感じる箇所がある。

　病院において「患者をもてなす」とは使わない。教育の現場で教師が「学生をもてなす」とも言わない。警察においても「警察官が犯人をもてなす」とは使わない。その他、日常で「もてなし」とは違和感を感じる側面の存在があることが確認される。

　ホスピタリティ産業におけるホテルでの接客を参考にし、顧客を「○○様」と呼ぶのを真似して、医療機関では患者を「患者様」「○○様」と呼ぶようになった。その結果、患者側がその意味を勘違いして受け取り権利を主張し、（セカンドオピニオン制等）威嚇の姿勢をとるようになってしまった。また、多くの患者の立場にしてみれば、「患者をもてなす」ことを考える暇があるなら、早く苦痛を和らげる行為をしてほしいはずである。そもそも、病院にはもてなされるためではなく治癒のために来院しているのである。すでに「患者様」と呼ぶ医療機関が減少してきていることも事実である。

　「お客様は神様です」という言葉は提供者が使うものであり顧客側が使うものではない。これを間違うと社会はギスギスしたものになる。

　大学教育の場でも学生を「学客」として捉えた結果、教員と学生の距離が遠くなってしまっている。

　建設業者がいつもお世話になっているお客様である官庁の役人をもてなした場合は、違法行為に当たる。

　これらの違和感の原因は、「おもてなし」の良い場面だけを強調して捉えているところにある。過度のもてなしは法に触れ、意味のないもてなしは苦痛を伴うのである。

　しかし、ホスピタリティと「もてなし」は共有できる意味も含まれていることから、ホスピタリティと「もてなし」の関係を完全に否定するものではないといえる。

　では、「おもてなし」の構造について確認していこう。（図表1－10）

## 第1章 ホスピタリティの実践

**図表1-10** 「おもてなし」の構造

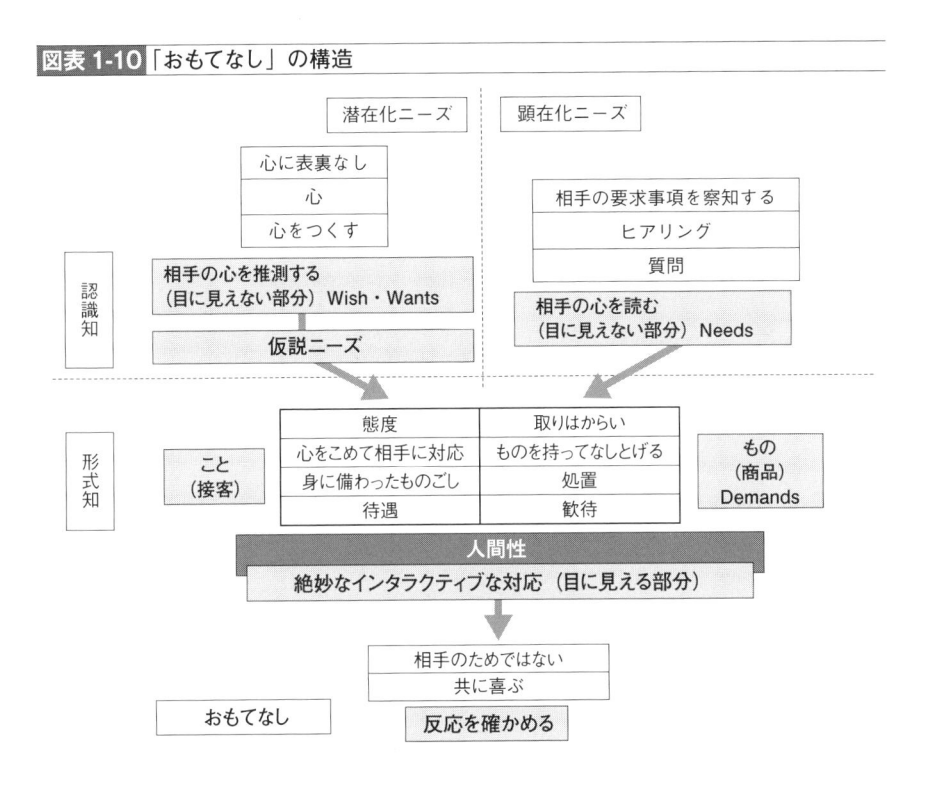

|  | 潜在化ニーズ | 顕在化ニーズ |  |
|---|---|---|---|
| 認識知 | 心に表裏なし / 心 / 心をつくす<br>**相手の心を推測する**<br>（目に見えない部分）Wish・Wants<br>仮説ニーズ | 相手の要求事項を察知する / ヒアリング / 質問<br>**相手の心を読む**<br>（目に見えない部分）Needs |  |
| 形式知 | **こと（接客）**<br>態度 / 心をこめて相手に対応 / 身に備わったものごし / 待遇 | 取りはからい / ものを持ってなしとげる / 処置 / 歓待 | **もの（商品）**<br>Demands |

**人間性**
絶妙なインタラクティブな対応（目に見える部分）

**おもてなし**
相手のためではない / 共に喜ぶ
**反応を確かめる**

　「おもてなし」とは「思いやり」と同じく、自分を肯定し対面している相手を肯定し興味を持つという人間性の涵養から始まる。相手のニーズを認識し相手が気づいていない潜在的なニーズ（思い、欲求）を質問や行為などの仮説ニーズを提示することにより立証・修正して、顕在化ニーズとして成立させる。また、顕在化されているニーズ（欠乏を認識しているもの）は確実に傾聴し把握する。それらのニーズに基づいて、相手が想起していない行為を創造し、そこになかったものを新たに作り上げ、なすべき「行為」と提供する「物」を絶妙に組み合わせて提示する。その反応を確認し修正・立証を加え、発揮する行動の質をスパイラルに向上させていく。
　このように、「おもてなし」は潜在化ニーズと顕在化ニーズ、認識知と形式知から成る複雑な構造を持っている。そして、相手の存在意義を探究するために必要な人間性そのものが不可欠となる。

このように、「思いやり」「おもてなし」も、どちらも人間性というマインドがそのベースにある。しかし、今までは「思いやりのある、心からのおもてなし」という標語で終わったり、マナーと同一レベルの教育訓練として扱われ、人間性というマインドについては触れられていないのが実態である。

そして、日本で一般的に言われている「思いやり」「おもてなし」は「室礼（しつらい）」「装い」「振る舞い」「趣（おもむき）」という日本人独特の美的概念が基本にあるように、日本独特の慣習であり、欧米から導入されたホスピタリティとは一線を画すものであると考えたほうが良い。これは茶道で言われる「賓主互換」と「賓主歴然」という、平等だが招いた方と招かれた方に区別があるということを意味している。

本書はこれらの「思いやり」「おもてなし」だけをホスピタリティのコンセプトとはしない。

# 7. ホスピタリティは無償の愛

ホスピタリティの概念の根底をなすものは、「無償の愛」であるということもできる。見返りを顧みずに相手に対して無償で愛を提供する行為がホスピタリティであるといえる。

具体的に、太陽は我々に対して無償で、光、熱、紫外線を提供してくれている。人間ではマザーテレサやナイチンゲールなどもそうであったし、子に対する親の愛情も無償の愛である。上智大学のデーケン教授は無償の愛とは、「献体と献血である」とも言っている。

日本で無償の愛を実践しているのは、阪神タイガースのファンではないだろうか。阪神が負けても勝っても自分の生活には全く影響はない。にもかかわらず、勝てば川に飛び込み歓喜乱舞し、負けたら皆が一緒に泣く。巨人軍のファンは勝てば喜ぶが負けたら冷静に批判をする。いわゆる、無償の愛とは言葉のイメージほど特別なことではないということである。

# 第1章のまとめ

① 現代の組織の状況は、「ギスギスした職場」「不機嫌な職場」に代表されるように人間関係が良好とはいえない。

② ホスピタリティの考え方は、職場のマネジメントソリューションに貢献できる。

③ ホスピタリティの考え方は、「思いやり」「おもてなし」といった狭く限られた意味だけを持つのではなく、幅広い領域を包括する概念である。

④ ホスピタリティの考え方は、医療・福祉、観光、宿泊などの限定された業界に適用されるのではなく、全業界・業種に適応が可能である。

⑤ ホスピタリティの広義の定義は「社会倫理」であり、狭義の定義は「人倫」である。

⑥ ホスピタリティの領域は広く、非日常性の提供から日常性の回復まで、リゾートからホスピスと正負の幅を持っている。

⑦ 付加価値の提供がサービスであると現状認識されているが、付加価値の提供はホスピタリティによって実現される。

⑧ ホスピタリティのポイントは「受け入れ」であり、相互容認を初期段階として相互扶助、相互発展と高度な共創的相関関係段階を踏む。

⑨ ホスピタリティは主客同一関係であり、人としてすべてが平等であるという概念を持つ。

⑩ Well Being を要素として持つホスピタリティは、地球環境までを視野に入れる可能性を有している。

# 第2章

# ホスピタリティ精神を経営に活かす
~ホスピタリティ精神からホスピタリティ文化へ~

　第2章ではホスピタリティが産業界にどのように適用されているのかを見ていく。「思いやり」「おもてなし」という理解だけでは特定の業界にしかホスピタリティは導入できない。これらはホスピタリティのほんの一部分を見ているにすぎないのである。広義に捉えた場合、ホスピタリティの概念はさらに拡大し、その適応範囲は特定の業界・業種から産業界すべてに適応できる可能性がある。
　すでに多くの企業は経営方針や製品開発にホスピタリティを展開している。
　社会の構造変化に伴い、複雑で瞬時に結果を求められる現代において、ホスピタリティはその実現のためのヒントになる。そして、個人や様々な組織活動におけるホスピタリティの実践は、革新的な組織づくりの一歩となる。

# 1. ホスピタリティ経営

## ●● ①経営方針の変遷

　各企業の経営方針を見てみると、ある一定のトレンドが読み取れる。
　1960年代の高度経済成長期においては経営課題の方向性は、「世界ナンバーワンを目指し……」「東洋で最大の……」「日本一の……」といった成長戦略の生産志向の言葉を掲げている企業がほとんどであった。1980年代になると「国際標準」「グローバル」という国際化志向、2000年代は「お客様第一……」「顧客満足の追求……」と、競争戦略の顧客志向に変遷してきた。神武景気からバブル時代に至るまでの生産性の時代の景気状況は、まさに「作れば売れる」という言葉に代表されるように、企業にとって追い風であった。しかし、市場が拡大し飽和状態になると市場ニーズも潜在化し、「モノあふれ」の時代に入ると景気は企業に対して向かい風に変わった。

**図表2-1** 1960年以降の日本の経営方針の変遷

|  | 1960年代 | | | 2010年以降 |
|---|---|---|---|---|
| 期 | 成長期 | 高度成長期 | 成熟期 | 再構築期 |
| 背景 | 技術の発展 | 経営革新 | ビジョン・戦略 | パラダイムシフト |
| 経営の方向性 | 世界NO.1<br>東洋一 | 国際化<br>グローバル | 顧客第一<br>CS | ホスピタリティ |

　現在はホスピタリティを経営課題に導入する企業が増えてきている。時代のトレンドによって企業の進むべき方向性が変わってくるのである。
　たとえば、
- 『私たちファミリーマートは、ホスピタリティあふれる行動を通じて

お客様に「気軽にこころの豊かさ」を提案し快適で楽しさあふれる生活に貢献します。』──「ファミリーマート基本姿勢」
- 『求められるサービスを当たり前のように提供するITのホスピタリティ企業を目指します。』──「株式会社ランドウェイク ビジョン」
- 『社員一人一人が「おもてなしの心」すなわち資生堂ならではのホスピタリティをもって「I do」を実践することによって、資生堂グループ全体に「We are Shiseido」という意識が生まれこれが経営改革を推進する大きな力となります。』──「資生堂グループ全従業員の想い〔I do〕から〔We are Shiseido〕へ」
- 日本旅行は「行動規範【H・E・A・R・T】」を制定し、その中身はHOSPITALITY、ENERGY、ACHIEVEMEN、REVOLUTION、TOGETHERである。

上記のように、様々な企業が経営課題にホスピタリティという言葉を導入し始めている。

そして、旅行業界において業界紙を発刊し、輩出される人材にも定評がある「トラベルジャーナル旅行専門学校」は2007年に「ホスピタリティツーリズム専門学校」に校名を変更した。

このように、ホスピタリティ志向が経営の中心課題を担う時代になってきたのである。

## ②ホスピタリティ経営の課題

ここでの課題は、生産志向の時代から国際化の時代までは容易に経営課題を達成できた。金銭を使う開発投資、設備投資を行うことによりナンバーワンの達成、グローバルに対応ができた。

しかし、顧客志向の時代からは様相が変わった。経営の方向性を目指す言葉を掲げることは容易だが、現場での実践が難しかった。投資対象が設備的なものから「人」に変更になり、金銭で解決ができなくなった。

現在でも、「顧客満足」の提供に苦悩している企業は数多くある。サー

ビス業に至ってはスローガンはきれいに並べられているが、現場ではそれがなかなか浸透されていない、理解はしているが行動ができないなど、問題は山積している。

　生身の人間を対象にしたサービス提供をメインビジネスにしている産業においても、顧客満足を考えるほど暇はないのが実態である。

　顧客満足さえも実践できていない状況を踏まえると、「ホスピタリティ」という方針は現場において、今まで以上に実施困難な状況に追い込まれる。その原因は、現場がホスピタリティをかなり限定された、しかもかなり狭い領域でしか理解していないところにある。

　ホスピタリティは「思いやり」「おもてなし」「人に優しい」「親切」といった言葉を模範解答にして、市場に氾濫している。それを鵜呑みにして表層的な部分しか理解せず、上辺だけの行動で対応していると、理想と現状との乖離によって現場は思考停止に陥る。

　いわゆる目指す方向性とそのためのツールは間違っていないのだが、現場におけるツールの使用方法に間違いがある。または、ツールの認識にメンバー間の温度差がある。そのためにホスピタリティとして掲げた方向性が達成できないのである。

　ビジネスとホスピタリティを結び付けるときに、従来使われてきたホスピタリティという言葉の感覚でビジネスに結び付けられない人と、コンセプトを広く柔軟に解釈し、様々な業務に関連づけて理解が展開できる人との間で大きな違いが発生し、企業間の差も大きく広がっていくのである。

　次のようなことも言われている。

　「『農業革命』『産業革命』『IT革命』の次に到来するのは『ホスピタリティ革命』である。『ホスピタリティ』を重視する企業や自治体だけが生き残る時代がすぐそこまで来ている。」（服部勝人著『ホスピタリティ学原論』内外出版より）

　ホスピタリティはサービスの上位概念にあり、顧客の満足から顧客の感動、歓喜、感激、感銘まで高める必要がある。すでに住友生命グループやオリエンタルランドのように「感動品質」という言葉を掲げ、実践に向け

動いている企業も存在する。

では、本来のホスピタリティを経営戦略に導入するためには、どうすればよいのだろうか。また、職場のマネジメントにホスピタリティを活かすにはどうすればよいのだろうか。本来のホスピタリティは経営やマネジメント、現場の顧客対応など、広範囲に適応が可能なのである。

そこで、一般的な産業界で考えられるホスピタリティの実践はどのように行われているかを、事例を通して検証する。

## 2. 企業のホスピタリティ文化

### ①伊那食品工業のホスピタリティ文化

伊那食品工業株式会社は、「かんてんぱぱ」というブランド商品を持つ寒天メーカーである。国内シェア約80％、世界シェア15％を占めている。社員数は436人である。（2014年3月現在）

**(1)「いい会社を作りましょう」「敵を作らない」**

この会社の方針は2つある。まずひとつは「いい会社を作りましょう」。

この社是の意味は「会社が利益をあげても従業員が苦しく、社会に失業者がいては会社の存在意義がない、社員を幸福にし、世の中も幸福にすることが会社のあるべき像であり、売上高や利益はそのための手段である。会社は露骨に人の幸せを考えなければいけない」という塚越会長（当時社長）の考えから構築されている。

そして、もうひとつの方針は「敵を作らない」。敵には様々な種類があるが、代表格は同業者である。同業者は仲間でもあるが、商売上、商品のシェア争いをするライバルである。商売で勝つためには影で泣いている企業や人々がたくさんいることを知ることが必要である。

「敵をつくらない」とは、喧嘩をしないということ。はじめの社是であ

る「いい会社を作りましょう」を実現するためには、同業者も異業種の人たちも地域の住民も、皆が共感してくれるような会社でなければならない。

そして、喧嘩をしないということは、競合との合い見積もりをしないということである。そのためはこの世になかった商品、他社ではできない商品を開発し、顧客のニーズに合わせるオンリーワンを目指すことである。業界でナンバー2やナンバー3だから敵ができるわけである。他社よりも良いもの、他社よりも安いものをという経営では必ず敵ができる。

もうひとつ敵になるのが下請け企業である。下請け企業の方々は、コストダウンに締め付けられ、納期に追い回され、その結果、発注元に対して「今に見ていろ」といった気持ちを抱く。仕事を回してやっているという立場を利用して無理な発注をかければ、敵になる可能性は高いはずである。

下請け企業を敵にしないためには相手の心情を理解して、彼らとともに生きていくWin-Winの関係を構築しなければならない。努力をしていても適正利益が出ていない下請け企業には、「この単価では無理ではないですか」と察して逆に単価を上げる。または利益が出るようにアドバイスをする。すると下請け企業も「あの会社はいい会社だ、あの会社のためならがんばれる」という共感性が生まれるのである。

つまり、伊那食品工業のために他社の社員が一生懸命働いてくれ、その会社が増収増益になれば、それぞれの会社の社員と家族が幸せになれるのである。したがって、伊那食品工業は、ホスピタリティにおける相互扶助、相互発展と、敵の受容を社是として実践している会社といえる。

塚越会長は創業者ではなく、入社した木材会社の関連企業に現在の伊那食品工業の前身となる会社があり、その会社が業績不振で債務超過に陥っていたのを立て直すために移籍をした人物である。

社是の制定やそれに伴う経営を承認した親会社、株主の寛容さもホスピタリティ精神を反映している。

## （2）守り続けている終身雇用と年功序列

バブル崩壊後、終身雇用と年功序列は多くの企業が捨て去ったが、この

会社では頑なに守り続けている。その結果、成果主義、業績評価による職場のギスギス感がない。加齢化（視力、体力的な衰退）により熟練度が落ちたにもかかわらず、自分よりも高い給料を得ている高年齢層社員を、この会社の礎を築いてくれた先輩として敬い、若年層社員は定年まで安定して働けるという安心感を持ち、長期的なキャリアプランを描きながら仕事に従事できるという組織として理想的な風土が出来上がっている。そのため、若手社員の持ち家率は80％である。

しかし、年功序列があっても、誰が見ても優秀な人については抜擢もする。評価によって意見が分かれるような場合は、年功を優先する。

このようにモチベーションを高めるための仕組みが、年功序列型人事制度にも投入されているのである。

さらにモチベーションを上げるための設備投資も惜しまない。

社員が自身の操作ミスで怪我をした。本人のミスといえども一人の社員に仕事で怪我をさせたことに社長は大きな責任を感じ、会社を解散させるか、莫大な経費をかけて社員に危険が及ばない設備を導入するか悩んだ。当時としては採算が合うような設備投資ではなかったが、「人の犠牲の上に会社の売上を高めることはこの会社の目的ではない」として、会社が潰れてしまうのではないかと思われるほどの金額を投入し、社員の安全のために設備投資を決めたのである。この社長の決断は「私たちのためにそこまでやってくれるのか……」と全社員の胸を打ち、社員が一丸となって働く風土を作り上げている。経営者と従業員という主従関係を超えた、人としての主客同一関係を実現することが、モチベーションを上げ従業員満足度（ES）の向上に貢献している例である。

雇用の不安をなくせば従業員は集中して仕事に励み、生産性向上につながり、取引先と正しい商売を続ければ信用が高まり、結果として得をするのである。

利益至上主義が幅を利かせる今日、多くの企業が失った「人」への思いが今なお残る会社である。

経営実績に関して1958年創業時から連続増収増益を実現しているが、

内訳は1％以下の上昇率であり、急激な成長ではなく「年輪経営」「盆栽経営」といわれる微弱な成長を確実に遂げている。

　中堅企業でありながら利益率は10％以上と、大手の食品メーカーと同等の高い数値を維持している。ホスピタリティ精神を貫きながらも経営として売上、利益での成果を出しているのである。

### （3）ESの向上がCSの向上に

　社員に対する会社側の支えの一例として、通勤に必要なスタッドレスタイヤ手当を4年に1回4万円の支給や、自宅の車庫を屋根つきにすることを条件に会社が7万円の補助金を支援している。毎朝、エンジンが暖まるまでに時間がかかり、この間のアイドリングが二酸化炭素の排出につながる。屋根つきにしておけば、アイドリングの時間が節約できる。

　この施策は社員の従業員満足向上（ES）と環境対策にあり、ホスピタリティ概念を環境につなげていることがわかる。

　他にも、一人当たり月500円のおやつ手当が支給され1日2回のおやつ休憩。会社の備品は持ち出しが自由で、社内で使用している芝刈り機などのプライベート使用が可能であり、特に管理もしていない。

　定年後には会社が作った農園「ぱぱな農園」で希望者は再雇用してもらえる（ここには定年がない）。社員旅行もあり、2年に1回の海外旅行で補助金は9万円、行き先は複数のプランから選べて、ほぼ全員が参加している。このように、社員満足の充実と社会貢献のために様々な方策を実施している。満足した社員は、必ず顧客への満足が提供できる。それらが社会へ、地球への貢献につながり、ホスピタリティ文化が生まれるのである。

　地域へのフィードバックとして通勤時またはプライベート時においても社員は右折をせず、左折をくりかえして目的地へ行く（町の渋滞回避のため）。買い物でもスーパーの駐車場ではいちばん端に車を停める（入り口に近い位置は自社のお客様の場であるから）など、ホスピタリティ精神が成立している。

　それによって地域住民からも評判がよく、その結果として多くの人材が

就職面接に訪れ、優秀な人材が確保できるメリットもある。

　これらの行動は、会社から無理を強いられているわけではなく、従業員が自然に実践している。「右折禁止の話は入社前に聞いていたが、入社して驚いた、本当に皆右折しない。この会社では、言っていることは必ず実行している」という声も新入社員から聞こえる。

　ESが向上すればCSも向上すると一般的にいわれるが、このサイクルがスパイラルに向上することが、ホスピタリティの実現であるともいえる。多くの会社では社員に、売上を伸ばせ、成果を出せ、とうるさく言うが、この会社は礼儀作法についてのみうるさく言うのである。

　これらのことを言い換えれば、ホスピタリティ精神を社員に徹底させた、その集合体である伊那食品工業が、ホスピタリティ文化を持った企業となるのである。その成果は、売上や利益よりも高崇な意味を持つ。

# 3. 地域のホスピタリティ文化

## ①高山市のホスピタリティ文化

### （1）高山市の政策方針は「住みよい町は行きやすい町」

　企業だけではなく、ホスピタリティ文化は国や町でも実現可能である。
　岐阜県高山市は400年前に整えられた町並みと、飛騨の伝統を受け継ぐ家具産業、高山祭が有名である。
　高山市は、平成17年2月に、高山市、国府町、丹生川村、清見村、荘川村、宮村、久々野町、朝日村、高根村、上宝村の10市町村が合併して発足した。その結果、高山市の「古い町並み」や「高山祭」、丹生川町の「乗鞍岳」、清見町の「せせらぎ街道」、上宝町の「奥飛騨温泉郷」といった全国的にも知名度の高い観光資源が高山市に含まれることになった。
　16世紀後半から続いている「高山祭」は、日本三大美祭の一つに数えられ、現在、国の重要無形民俗文化財に指定されており、合併前の旧高山

市は、社団法人飛騨高山観光協会を中心に、この「高山祭」を早くから観光資源として積極的に活用し、観光客の受け入れ体制を強化してきた。

その結果、観光客は高山祭だけで、年間50万人にも及んでいる。

国の選定重要伝統的建造物群保存地区の「古い町並み」も、観光資源として活用され、伝統工芸である一位一刀彫や酒蔵の見学、手焼きせんべいづくりなどを体験できるプログラムが充実し、「観る」観光地から「体験する」観光地へと積極的に転換し、観光客を楽しませている。

政策方針は「住みよい町は行きやすい町」。

### （2）高齢者や障害者にやさしいバリアフリーの整備

高山市では誰もが住みやすく、住みたくなるような落ち着いた定住環境と、にぎわいのある交流環境を整備して、市民一人ひとりが誇りと生きがいを持てるまちづくりを進めている。

住民が住みやすい環境を実現するために、「ノーマライゼーション」の考え方を基本理念とし、障がいをもった人が可能な限り地域の中で暮らしができるよう、福祉施設をはじめ地域福祉・住宅福祉を充実させている。

「高齢化社会への対応」「高齢者や障がい者に配慮した観光政策」を観光活性化方策の最優先テーマとして設定し、平成8年11月から「障がい者モニターツアー」を実行して課題を洗い出し、道路や観光施設などのバリアフリー整備を進めている。

車いすを利用する方々や高齢者にとって道路の段差は大きなバリアの一つである。生活環境整備の一環として、車道と歩道との段差の解消や交差点の改良を進めている。段差のない道路とは、視覚障がい者誘導用ブロック（以下、点字ブロック）を一部排除した道路も含む。

一般的にバリアフリーとは、障がい者を含む高齢者などの社会的弱者が社会生活に参加するうえでの物理的な障害を取り除くことであるが、実はその障がい者間においてもバリア（障害）が存在する。それが点字ブロックであった。点字ブロックは視覚障がい者のためのものであるが高齢者のつまずきや車椅子の振動、雨天時の歩行者の滑り事故などが発生している。

点字ブロックを一部排除することにより視覚障がい者の行動に制限がかかるかというとそうではない。

　点字ブロックは、1965年に岡山の盲学校の生徒のために敷設されたものである。そこから全国に普及するまでに15年近くかかっている。

　1960年代は点字ブロックの敷設は少なく、音の出る信号機も存在しなかった。当時は、横断歩道に視覚障がい者が立っていたら声掛けをし、一緒に渡るという行為が当たり前であった。

　しかし、今では点字ブロック、音の出る信号機の普及により、「点字ブロックがあるから歩けるだろう」「音が出たら信号機が変わったことがわかるだろう」という意識に変わり、声掛けをする人が激減した。

　しかし、高山市では視覚障がい者に対して昔のように声をかけ、手を肩に添えていただいて歩いたり道路を渡るというホスピタリティ精神が存在する風土がある。そのため、市は点字ブロックを一部排除することによって大きな問題は発生しない、逆に真のバリアフリーが実現できる、という決断をしたのである。

　他の道路は車道面の高さをあげ歩道とほぼ同じ高さにし、センターラインをなくすことで車のスピードの減少をさせている。

　さらに段差のない道路に関しては、水路の多い市内道路が車いすに支障のないように、格子の細かいグレーチング（金属製暗渠蓋）を設置している。今までのグレーチングでは車いすやベビーカーの車輪が溝に落ち込んでしまうことがあったことから、網目を1cm以下のものに変更した。

　行政の過去の考え方は箱物行政といわれ、建造物の整備・設置をすればよいことであって、整備・設置そのものが目的になり、計画段階で本来明確にすべき「なぜそれを設置するのか」や「誰のためにするのか」が十分に検討されないまま事業を進めた結果、整備された施設が有効に活用されないばかりか市民の不満となっていたのである。

（3）真心が感じられるインフラ

　高山市は当事者の意見を取り入れることの重要性に気づき、同時に今後

のバリアフリーは建造物の整備・設置だけではなく、無形のものとしての心やコミュニケーションが必要とされてきていると考えたのである。観光地の整備や観光施設の整備、ホテル・旅館の施策によりハード面で観光客に満足を与えることができても、旅館の仲居さんの一言、地域の住民の対応如何によって、満足は消えていき不満だけが残るのである。

そして、市民はもちろん観光客も車いすのレンタルが受けられ、市内であれば乗り捨てが自由である。また電動カー、ベビーカーも同様である。市営駐車場は障がい者の方が運転または同乗する車両を駐車するときは、手帳の提示により駐車料金を免除している。

また、観光情報や画面の内容を説明するバリアフリー情報観光端末機が市内に設置されている。それは車いすの高さに合わせて設置されており、手話の他に、音声、文字、アニメーションによる情報提供をしている。

さらに、誰でも安心してまちを歩くことができるように、先進公衆トイレも設置され、オストメイト対応トイレ（オストメイト＝人工肛門、人工膀胱造設者）やユニバーサルシート（大人のおむつ交換ができるベッド）、車いす対応便器、着替え台などが装備されている。さらに市街地の公的施設、ホテル、旅館を含め80ヶ所に車いす利用者用のトイレを設置している。

これらを含む多様な施策によって、様々な障がいを持たれている方々も安心して高山観光ができるようになる。このような観光客の立場に立った継続的な観光政策を実施した結果、高山市のリピーター率は69％にも及んでいる。

まちの中の観光案内板は、「日本語」「中国語」「韓国語」「英語」の4言語で表記され、外国人に対してもバリアをフリーにしている。

道案内の看板は2方向から来たときにどちらから来てもわかるように2つの看板が設けられ、ローマ字でも書かれている。その上、プラスチックやスチールを使わず、木の看板を使って風情を出すという工夫までなされている。

海外に向けては欧州のジャパンフェスティバルや、台湾での海外旅行博覧会、韓国での韓国国際観光展示会、中国での中国国際旅遊博覧会などの

観光展でのアピール、多言語 DVD の作成、ホームページ上において英語・中国語など 10 言語での情報発信など、官民一体となった誘致政策の結果、高山市地域における外国人観光客数は急増したのである。

その結果、人口約 94,000 人の高山市へ、年間 395 万人の観光客が訪れている。そのうち外国からの観光客は 21 万人を占めている（2013 年度）。

行政・住民・産業が相互ネットワークをもち「福祉の力」（町の底力）を発揮することが、ホスピタリティにおける相互関係での相互発展に位置づけられる。住民が「住みやすい町」を作ればそれが ES となり、その結果、「行きやすい町」に変貌し CS を観光客へ提供する。

観光行政を自治体にすべてを任せると、その結果として、よそ者が侵入してくることを厄介に思う住民は少なくない。しかし、観光行政をそのまま住民自治に融合させ、観光客と住民を対等となるにふさわしい関係を両者が共有できる政策形成をすることがホスピタリティ行政でもある。高山市は、まさに住民一人ひとりのホスピタリティ精神が「住みよい町は行きやすい町」を生み出すのである。

## ②熊本県の総合的ホスピタリティ文化

### (1) ホスピタリィ文化の要件を持っている「みずあかり」

第 16 回 ふるさとイベント大賞 総務大臣賞を受賞した熊本の祭り「みずあかり」は、新たな文化、新しいまちづくりとしてのホスピタリティモデルである。

これは単にイベントに対しての評価だけではなく、地域振興、地域創造に対しての貢献、波及に大きな評価を得た結果である。市民ボランティアが竹の切り出しから竹灯篭の製作に携わり、熊本城一帯を蝋燭の火で灯す行事である。

行政は九州新幹線開通を視野に熊本独自の催事を起こし、新幹線熊本駅オープン時に向けて、観光客集客による地域の活性化を検討した。しかし、熊本県の住民は行政の力を借りずに、県民が参加をして何がやれるかを模

索し、この祭りがスタートした。行政主体であると、今後予算の縮小または予算停止の場合、その行事自体に大きな影響が及ぼされる結果となるからである。

　県民主体という場合の「行政」と「県民」の差は何かというと、その中身は両者一体の存在である。行政の担当者は市民・県民であって県民の一部が行政担当者である。

　県民主体で実行しながらもその中にも行政に携わっている人も存在し、実行しているうちに「行政」がそれに呼応して交通規制や道路使用などの規制緩和を自発的にするという構図を作り上げた。

　催事上、規制または緩和の必要性が県民間で議論された場合、その議論の中には県の課長や市の担当者も一県民として存在し合意形成がなされる。

　後日、行政の窓口で嘆願や詳細説明をしなくても手続きさえ問題がなければ、スムーズに申請が通るということになる。お互いの平等性から相互関係を築く仕組みが構築されている。

　行政の担当者、市長、自衛隊もボランティアでの参加であり、すべてのメンバーが県民として平等である。ボランティアに参加した人の名前を公表する場合も、たとえ県知事、市長であったとしても「あいうえお」順で書き出し、特別扱いはしない。一人の住民として皆がかかわる平等性を基本とした相互依存、相互扶助の構造ができあがっている。

　予算に関していえば、行政に頼らないので浄財を集めているが、大企業からの大口の寄付は受け取らず、なるべく多くの対象者からの小額（3万円まで）の寄付を集めている。高額の寄付者による権利主張を防ぐ目的もあるが、この祭りの最大の目的は、観光としての成功を目指すのではなく、そのプロセスを通じて県民力が上がっていくことを目指している。

　実行委員長の東光石油（株）会長　石原靖也氏は「自立した市民が自分たちの街に対するアクションをする」と話す。市民力を上げることにより町の力が上がり、ひいては観光客も増加する。高山市の施策と同様なロジックを持っている。

　熊本は夜間の滞在型顧客は非常に少なかった。新幹線が開通することに

より時間が短縮され、この傾向はさらに拍車がかかることになる。

しかしこの祭りが夜に開催されることにより、夜間滞在者、宿泊客数が増加した。あくまで、これは結果論であるが、これが目的ではない。

そして、この祭りの運営を通していえることは、行政が変わったということである。行政は上から物申すという主従関係的な存在であったが、県民の力を再認識し、県民をパートナーとしてみなすように変化を遂げたのである。「今、熊本市の真ん中に地核変動が起きている」という熊本市の職員の言葉にあるように、主客同一の立場にドラスティックに転換してきた。過去は行政と県民の関係性だけではなく、社会人と学生の関係もうまく交流が持てなかったが、この祭りを通してお互いのコミュニケーションも増してきたのである。

このように「みずあかり」には、ホスピタリティ文化の要件が多く備わっているのである。

▶コラム

「みずあかり」について

2004年から始まった「みずあかり」は、秋の夜のシンボルロード一帯、花畑公園、熊本城長塀前・坪井川を2日間で5万4千個ほどのろうそくのあかりが彩る。花畑公園では、神事を終えた神聖な阿蘇の中岳から採火された御神火が、暮らし人（県民）が献灯する竹ぼんぼりのあかりへと受け継がれていく。

あかりを演出する水は、熊本が誇る水源の水を使用する。花畑公園の献灯式で使用される「和ろうそく」は、水俣地区の櫨（はぜ）から作ったもの。宝暦の改革で肥後藩復興の主役となった「櫨ろう」は、今も全国一の生産量を誇る。

熊本城に残る「櫨方門」は、当時の櫨の役所門であり、肥後とろうそくの深い関係を物語る。みずあかりは「和ろうそく」を活

用し、祭りのシンボルとしている。

(2)「みずあかり」のキーワードは「一隅を照らす」
　「みずあかり」の祭りのコンセプトの一つに、「一隅を照らす」という言葉がある。自分の足元に一個のあかりを灯してみる。一個灯すことで、自分の周りだけではなく隣の人も明るくなり、隣の人も灯すことにより連鎖で強力なあかりになっていくということを示している言葉である。一隅を照らしていこうという市民が増えることで、故郷の誇り、勇気と希望を生み出す手段となる。

　このように相互扶助の精神が日本三大頑固といわれる熊本の「肥後もっこす」のエリアでも存在するのである。
　そして、「みずあかり」の題字は、熊本出身の女流歌人　安永蕗子の書である。熊本の魅力を表現した『みずあかりの記』というタイトルの処女エッセーがあり、この本から"ここに暮らす喜びや切なさまでも共感できる市民と地域でありたい"というコンセプトをも生みだしている。

(3)　熊本県のスローガン「食と文化でおもてなし」
　九州新幹線は2011年に全線開通したが、商業集積が進む福岡と比べると熊本は景気低迷や熊本駅周辺整備の遅れもあり、全線開通における消費の流れは、ストロー現象で福岡に吸い取られてしまうことは避けられなかった。
　また、新幹線による時間短縮により宿泊であった行程が日帰りになる可能性もある。しかし、水資源、食を中心とした暮らしのスタイルは、熊本が絶対的に有利なはずであり、熊本は通過地点になるというネガティブな発想を捨て、熊本が九州の「暮らしの文化をリードする」という夢と自負心を持ったのである。

第2章　ホスピタリティ精神を経営に活かす

　熊本の地下には水瓶が存在する。水道水は川や湖から誘引しているのではなく、すべてが地下水であり、そのためきわめて上質な水が提供できている。このような土地は稀であり、熊本を代表する隠れた資源でもある。

　そして、箱物行政といわれるハード主体の新幹線停車駅周辺だけの施設整備・開発だけでは、地域全体の活性化はない。

　そこで「食と文化でおもてなし」というスローガンを掲げたが、このようなソフト的なものは行政が一番できないところでもある。だからこそ県民、市民の力が必要となる。

　新幹線は魔法の箱ではない、箱にどんな風を吹き込むかは県民・市民にかかっている。宮崎の飫肥の住民は旅人に対して子供から高齢者まで笑顔であいさつをしてくれる最高のおもてなしの町であるという評判があるように、町のブランド活性化はあくまでも住民主体である。

　「食と文化でおもてなし」の具体策は新幹線駅を「玄関口」とし、そこから1時間の範囲のエリア人吉、阿蘇、八代、天草などを「奥座敷」とし、「輝く奥座敷をつくる」というシナリオが実践された。新幹線駅を基準として考えず奥座敷を最終到着地として基準とすると、奥座敷への流れが増加し、自然と玄関口も活性化するというアプローチである。

　地域の良さを磨き、流出人口を減らし、訪れる人を呼び込む施策である。大阪から熊本まで何時間短縮という発想ではなく、大阪から人吉まで、4.5時間で行けるようになったと視座を変えたのである。

　熊本からの範囲というと観光地として有名な高千穂も入るが、高千穂は宮崎県である。行政主体の場合は県外として除外されるが、これは行政区分の話であって、熊本の奥座敷には変わりはない。熊本は高千穂も受け入れるのである。道州制論議の中、その論議を越え、熊本は九州全地域の役割を再考し、相互発展を遂げるための地域づくりを目指している。

### ③キャラクターに見る「くまモン」のホスピタリティ精神

　九州新幹線全線開業をきっかけに、熊本県民が自らの周辺にある予想もしなかったような驚くべき価値のあるものを再発見し、それをより多くの人にお裾分けをしていこうという「くまもとサプライズ」運動が始まった。

　多くの人をひきつける観光資源となることはもちろん、様々なサプライズを掘り起こすことで、県民自身の日常がより豊かなものになるということが最大の目的である。ホスピタリティでの付加価値交換をすることによる歓喜・満足・驚喜、感激・感動・感銘をお互いで分け与えるということである。

**図表 2-2** 熊本県のPRキャラクター「くまモン」

©2010 熊本県 くまモン #7483

　その後、ゆるキャラの「くまモン」を創出し、「くまもとサプライズ」の旗振り役を担わせる。くまモンは、九州新幹線全線開通に向けて熊本県庁が2010年より「くまもとサプライズ」キャンペーンにおいて展開している熊本県PRキャラクターである。

　関西における熊本県の認知度が首都圏と比べて低いことから、熊本県知事より、くまモンは「くまもとサプライズ特命全権大使」に任命され、熊本の魅力をさりげなく伝える様々なメッセージを記載した名刺を1万枚配るミッションを関西中心に展開していた。

　しかし、名刺配布に嫌気が差したくまモンは大阪イベント参加中に、失踪事件を起こすのである。県知事が緊急記者会見を開き「大阪でくまモンを捜せ」キャンペーンを開始し、ツイッターでの目撃情報の投稿を呼びかけた。くまモンの友人という設定のスザンヌによる手書きの捜索ポスターを大量に展開し、関西方面からのツイッター、フェースブックなどの情報により無事にくまモンは発見された。

その後、積極的なPR活動を進め、大阪市内の観光地を中心に神出鬼没な行動を行い、名刺を1万枚配るミッションを達成した。

このキャンペーン中の失踪というドラマ性により、関西地区における広報戦略が成功する。

これはSNSやメディアなどの情報を有効に活用した成功例として評価されているが、原則はキャラクターの親近感と情報提供者の支えが存在しているということが前提である。

実際にくまモンが手放しで県の施策から逸脱するはずはなく、企画化されたストーリーと知りながら関西の人たちは自分の「人間らしさを遊ぶ」のである。

くまモンがイベントにおいて「くまもとサプライズ」を通じ相手の期待を超える感銘と感動を提供することにより、相手はくまモンを素直に受け入れ、相互扶助・相互発展をしていこうという姿勢ができあがるのである。

くまモンは決して良い子ではない。熊本駅で修学旅行生のカバンの中をあさったり、お客様からもらったお酒を県に見つからないように隠したり、おネエさんを蹴ったりと、ヤンチャぶりは他のキャラクターを圧倒する。そこに偶像ではなく、人としての（熊だが）側面を見るのである。

2011年3月12日、九州新幹線全線開業前日に発生した東北地方太平洋沖地震の影響により、記念イベントがすべて自粛となり、それに伴い、この日をもってくまモンは活動を休止した。

しかし、活動休止中のくまモンは、同年7月に被害が甚大だった南三陸町および東松島市へ訪問している。

この点にもくまモンの「思いやり」「支えあい」というキャラクター特性を強化する要素が存在する。

その後、県知事から「PR効果を認めて県の統一キャラクターとする」こととなり、これ以降も活動を継続することになった。

当初は熊本県臨時職員で「くまもとサプライズ特命全権大使」「くまもとミリオンプロジェクトリーダー」という肩書を使用していたが、2011年9月30日より「熊本県営業部長」という肩書に昇進した。熊本県庁く

まもとブランド推進課の課長は様々な講演会において、「くまモンは私の上司にあたります」とも語っている。

この発言はキャラクターを属人化するだけでなく、その実態を認めて受け入れていくホスピタリティ文化が熊本県庁内にも形成されているといえる。

その年に開催された「ゆるキャラグランプリ2011」では、全349キャラクター中1位に選出され、くまモンは驚いた表情（くまもとサプライズ！）の顔、コミカルな動きと一連のキャンペーン行動によって「ゆるキャラグランプリ」に輝いたのである。

ホスピタリティにおける人間らしさの特性としての滑稽・哀感・現実的・生産的の要素がキャラクターに反映された結果といえる。

熊本県出身の小山薫堂氏がプロデュースを行った、熊本PRフィルム「くまもとで、まってる。」には、くまモンが大好きな熊本の"ひと"や"くらし"が登場する。このフィルムは、くまモンがホスト役を務め、熊本県民の日常風景や暮らしをまとめた、なにげない日常のかけがえのない魅力が多く詰まっている。

偶像としてのキャラクターが県民として同化し、お互いの受け入れの精神によって感動までの領域に昇華されている。

一般公開されたPRフィルムは、2012年6月14日、国際短編映画祭にて観光映像大賞に選ばれている。

フィルムに登場する県民は誰しもホスピタリティ精神を表出し、県民同士の平等性や扶助性が存在し、「受け入れるために、まってる」「支える人を、まってる」という利他的なメッセージが確認できる。

他県のPRフィルムは、「来てください」「逢ってください」と自己中心的であって動的なお誘いを繰り返す。「まってる」という思考が、静的なホスピタリティの実践であるといえる。

「肥後もっこす」という熊本県の県民性は頑固者、強情者、偏屈、反骨という性格を含んでいるが、根底には、剛健で正義感が強く、さっぱりして明るく、人情味があり親切、口下手でお世辞がいえないという優しさや

人間らしさが存在する。単なる堅物ではなく、人としてのしなやかさを兼ね備えたホスピタリティ精神が備わっているのである。

その本質から、くまモンというキャラクターが発生してきた。

熊本県は翌年の「ゆるキャラグランプリ2012」の参加については、くまモンの参加を辞退することを表明した。本来であれば２年連続グランプリを狙うところであり、地域の活性化、観光客集客には有効な手段である。

辞退の理由は、今回くまモンについては、全国のゆるキャラ達を応援する「ゆるキャラアンバサダー（大使）」としてグランプリを盛り上げる役割を果たすこと。くまモンは、昨年の「ゆるキャラグランプリ」が飛躍の大きな契機となったが、全国各地域の活性化のために他県のキャラクターに場を譲りたいということが理由である。

これらは、ゆるキャラグランプリ実行委員会からの要請でもあったが、熊本県はこの要請を受け入れ自らの地域のためではなく他県に対しての支援を、くまモンを通じて表明したのである。

くまモンのキャラクターの取り扱いにおいても慎みを持ち、他のキャラクターへの配慮と受け入れと支えの考え方が浸透している。

「くまもとサプライズ特命全権大使」として、関西で「くまモン」の認知度を高めること、熊本の魅力を売り込むことを達成したくまモンは、2011年度においては、熊本の「食」の魅力をPRするために関西などの企業とコラボを提案する使命を担っている。「ゆるキャラ」から「売るキャラ」への変貌である。

そして日本のみんなを元気づけるため、100万人のくまモンを集めるプロジェクトを展開、「くまモンミリオンプロジェクト」である。

カメラに映った人をくまモンに変身させてビジョンに映す「なりきりくまモンシステム」をはじめ、くまモン型サンバイザーの「モンバイザー」、くまモンのなりきり用ダウンロードソフトなどを用意し参加者を増やした。

このように、キャラクターにおいてもホスピタリティ精神が存在する。

ホスピタリティ精神とホスピタリティ文化が存在する集団から真のホスピタリティを備えたキャラクターが排出されるのである。アニメーション制作会社のスタジオ・ジブリに代表されるようにキャラクターは人が作った創造物であるが、その人の精神のすべてがキャラクターに反映され形成されるのである。

　膨大で難解な教えを理解させようとしても無理である。そのようなときは仏像という偶像を作り、すべてを表現する。教え（伝えたいこと）を網羅した仏像は魅力的であり、あらたかな姿となる。

　このようにして熊本県は、九州新幹線全線開通を契機として本来あるホスピタリティ精神を発揮してきたのである。市民ボランティア主導の「みずあかり」「くまもとサプライズ」や「くまもとで、まってる。」の取り組みは、県民のホスピタリティ精神を基盤としたプロモーション活動といえる。くまモンはあくまでもバーチャルな人格を持つ虚像であるが、その形成においては熊本県民の本来の気質が投影されたものといえる。

　地域経済の活性化を「ホスピタリティ」という視点から考えると、熊本はホスピタリティ精神を持つ県民と、一県民である行政担当者、その集合体である地域全体としてのホスピタリティ文化が形成されている地域であるといえる。

# 4. 製品開発におけるホスピタリティ精神

## ●●●①製品開発でのケース

　製品開発においても地球環境、市場ニーズなどを視野に入れながら、ホスピタリティの側面で「持続的な発展」「心の豊かさ」を切り口にしたホスピタリティ製品の開発が進んでいる。

　たとえば、最新鋭のボーイング787もその一例である。

航空機開発の歴史をひも解くと、1960年代は、ダグラスDC-6という双発のプロペラ旅客機で36人の乗客を長時間かけて海外へ輸送してきた。航空機を運行するためにかかるコストを乗客数で配分するので当然、運賃は高額になる。そのため、当時は海外旅行は高根の花であり、特別なことがない限り、海外への渡航は実現できなかったのが実態であった。

　1970年に入ると、ジェット機の時代となりボーイング747が出現し400人規模の乗客を一挙に数時間で輸送できるようになり、運賃は低価格競争に入ってきた。誰もが海外旅行の夢を叶えることができる時代となり、渡航者は激増した。

　その後、超音速旅客機エアバスコンコルドが出現し、ファーストクラスの20％増という高額な運賃ではあるが、音速の2倍の速度で短時間で輸送できるようになった。これにより渡航意欲はさらに高まるかに見えたが、人々はそこまでは必要としなかった。

　ニューヨークからロンドンまで3時間で、90万円という旅は受けいれられず、7時間で10万円というB-767クラスが塩梅の良い着地点となる。その後、同社のB-777、B-787の開発に至っている。その後コンコルドの開発は中止となり、定期航路にも就航していない。

## ●●●②ホスピタリティにおける「持続的発展」

　これがホスピタリティの考え方に基づいた「持続的な発展」を示している。近代文明においては技術の高度化に伴い、物の豊かさ、時間と便利さを追求してきた。ロースペックから技術の高度化が進行し「物質的豊かさ」は実現してきたが、今となって、それが目標ではなかったということに気づき始めた。すべてのことが人間の欲望の追求であった。本来求めていたものは「心の豊かさ」であったはずである。ホスピタリティ精神のWell Being（安寧、繁栄、幸福）が目標である。

　「物質的豊かさ」と「心の豊かさ」を満たし、これ以上の豊かさを求めないが、双方が「ちょうど良い豊かさ」が求められるようになり、心と物

質のバランスが塩梅よく取れた豊かさが理想的である。コンコルドのようなオーバースペックな物質的豊かさは必要としない。現状をうまく持続していく社会との相互創造、相互発展の典型的なモノづくりが必要とされてきたのである。

　言葉を換えれば、非日常性を提供しつつも日常性を維持する開発姿勢といえる。

　かつてオーディオブームが起こり、良い音を求め市場は動き、メーカーも技術開発競争を展開した。重量のあるトランスを使用し大型の電解コンデンサーを採り入れ、電力の安定性を追求し、真空管を使用したアンプは温かみのある音をだし、内部の温度の高低によって音色は変化し、大型スピーカーは置く場所により音像の定位置を変え、ターンテーブルに関しては録音したときの回転数と再生時の回転数をあわせるためにダイレクトモーターを電力の周波数にあわせて同期を取り、ワウフラッターを極限まで低減して高品質の音を追求してきたのである。

　これらの製品を製造している企業、マランツ、タンノイ、フォステクス、DENON、中道、アカイなどは、現在でも音響に関しては世界的に見ても高度な技術を保有している。

　しかし、現在の市場の多くはそこまでの技術を求めていないのが現状である。iPodレベルの技術での音質で十分なのである。

　いわゆる変化した市場は、そこまでのオーバースペックな技術は求めていない、高音質や大音量、安定度よりもiPodをヘッドフォンで聞く技術レベルで十分であるということである。音源がMP4データになった瞬間に回転数や音の再現性などはどうでもよい技術に変わってしまったのである。

　技術の高度化を追い求めるよりも、操作性、日常性、快適性といった心の豊かさを求める時代にシフトチェンジされてきたのである。

　社会の構造変化に伴い、複雑で瞬時に結果を求められる現代において、ホスピタリティはその実現のためのヒントになる。

　個人や様々な組織活動におけるホスピタリティの実践は、革新的な組織づくりの一歩となるのである。

# 第2章のまとめ

① ホスピタリティは人にだけ成立するのではなく、その集合体としての組織・地域にも存在し、人が作り上げる製品にも存在する。それがホスピタリティ文化である。

② 企業の方針にホスピタリティ精神を反映することは、現場の意識を変えるための有効な手段である。

③ 経営者と従業員が対等関係にあることによってES（従業員満足）が向上し、その風土が企業ブランドとなりステークホルダーなどへのCS（顧客満足）へとつながっていく。

④ ホスピタリティはキャラクターに対しても帰属することが可能であり、ホスピタリティを持ったキャラクターは独自にホスピタリティ精神を発揮する。

⑤ ホスピタリティツーリズムは観光そのものを目的とせず、観光客を支える市民と支えられる観光客、そこに住む人々を対等に捉らえて検討する。

⑥ ホスピタリティ精神を持った住民は、ホスピタリティブランドを地域に生み出す。

⑦ 行政体における政策形成においてもホスピタリティは導入可能であり、その実施段階においては住民との相互協同が必要となる。

⑧ 様々な人を受容することからホスピタリティ文化の形成が始まる。

⑨ 製品開発におけるホスピタリティ精神の発揮は、製品に対して人の心としての適正なスペックを与える。

⑩ ホスピタリティは人の心の豊かさを追求し、モノによる豊かさとのバランスを調整するためにサスティナビリティをも実現する。

# 第3章

# ホスピタリティ・コミュニケーション
～経営から育成まで広範囲のマネジメント～

　ホスピタリティは、経営戦略から育成まで広い範囲をカバーするマネジメントソリューションである。
　職場のマネジメントや外部との折衝の基本となるコミュニケーションにも、適応が可能である。ホスピタリティはコミュニケーションの既存概念を読み替え、新しいソリューションとなる可能性を持っている。
　そもそもコミュニケーション（Communication）という言葉は、ラテン語のコムニカチオ（communicatio）に由来し、「分かち合うこと」を意味するものである。他者に対して自分の心の状態を伝える働きかけだけでなく、他者から受け取った情報により、相手の心の状態を読み取ったり共感したりすることが重要な要素である（他者理解）。ホスピタリティの受容と支えの概念が存在している。
　ホスピタリティをコミュニケーションに適用すると、職場はどのように変わるのかをホスピタリティ・コミュニケーションモデルを用いて説明する。

# 1. 他者と建設的かつ相互支援的な関係性を築く力

## ①ホスピタリティ・コミュニケーション

　産業界におけるコミュニケーション理論の提唱は、シャノンとウィーバーが1948年に発表した「A Mathematical Theory of Communication（コミュニケーションの数学的理論）」が最初とされているが、トレンドによってその形も適用範囲も変化を遂げている。

　コミュニケーションは人を扱う方法論なので、人の価値観や思考が変化するにつれコミュニケーションの内容も変容を遂げていくのが当然である。

　近年、「自己主張ばかりで他者の意見を聞くことができない」「場の空気が読めない」といった人が増えている。その原因は自分の行動特性に問題がある場合もあれば、職場において派遣社員や再雇用社員、外国人労働者などの雇用形態が多様化し、従来のコミュニケーション理論だけでは対応しきれない場面も発生している。

　しかし、従来のコミュニケーションに関するソリューションは、自分の想いや意見を相手に伝える「発信」スキルの習得に重点が置かれ、話法や質問法、アサーションなどのテクニックの提供がほとんどであった。相手の想いや気持ち、背景や文脈を読み取る「受信」については、「共感」「傾聴」などが紹介される程度であった。

　さらにこの「共感」に関してはきわめて複雑であり、医療や福祉といった固有業界における方法論であったため、その適応範囲は学問の領域を越えられず、看護の現場でも実践に困難さを残している。「傾聴」の方法論にいたっては「無視と傾聴」といった古典的な教育手法に頼り、過去50年間において新しい取り組みが提示されていないのが実態である。

　結局はコミュニケーションの本質はわからないが、スキルテクニックだけを身に着け、上辺だけの対応といったレベルが現状である。

　ここで問題となるのは発信・受信のスキルテクニックではなく、「伝え

たい」という意思と「何を伝えたいのか」というコンテンツがあるか、その中身は「相手が欲しているものなのか」である。やはりそこにはホスピタリティのマインドが存在するのである。

## ②コミュニケーションマインド

　そもそも相手に何かを伝えようとする意思（コンテンツ）があるからコミュニケーションを行うのであり、伝えたい意思（コンテンツ）がないならコミュニケーションを行う必要性はないのである。コミュニケーションを円滑に遂行するためにはスキルテクニックではなく、何を伝えたいのかというコンテンツを確実に構築することが必要となる。

　さらに、伝えたい意思さえ構築できればお互い人間同士であるから、高度なスキルやテクニックを使わなくても意思は伝わるものである。

　コンテンツの構築はスキルテクニックに頼るのではなく、マインドである。自分が相手の何かに気づき、何を提示すればよいのか、何を共有したいのかを明確に認識することから始まる。

　そのためには相手に心を向け、相手の状況を受け入れてあげる受信力が重要となる。ホスピタリティ・コミュニケーションは、「伝えるコミュニケーション」から「聞くコミュニケーション」へ発想を転換し、受信する力を伸ばし、感じる心を持つことである。

　人間は他者から多くの情報を受け取り学ぶことで、自分自身の成長スピードをはやめることができる。顧客・上司・メンバーなど多くの相手の情報や、場の情報を受け入れる「受信する力」を高めることは、対人関係を良い方向へ導くばかりでなく、協働を促進し、組織にもより高い成果を効率的にもたらしてくれるのである。

　そして、「相手の情報を"知って読む"」「相手の想いを"感じて読む"」という部分に焦点を当て受信する力を強化することで、他者と建設的かつ相互支援的な人間関係を築くことが可能となる。他者の感情や想いを読む力を習得し、相手の立場に立って働きかけることがホスピタリティ・コミ

ュニケーションである。

## ③相手に対して開く

　コミュニケーションが円滑に進まない問題を考えた場合、原因は自分と相手の両者に存在する。（図表3-1）

**図表3-1** コミュニケーション上の問題点

```
・自分に問題あり ── 発信に問題あり
                　 受信に問題あり
・相手に問題あり
```

《自分の発信に問題がある場合》
- 思ったことをそのまま発言して人を不快にさせてしまう
- 親しくない人を敬遠してしまい、なかなか話しかけられない
- 初対面の人と話をしなければならないとき話題が思い浮かばない
- いらいらしているとつっけんどんな口のきき方をしてしまう

などが挙げられる。

《自分の受信に問題がある場合》
- 忙しいと相手の話をきちんと聞くことができない
- 長い話には「要は何？」と思ってしまう
- 言葉の裏にある真意を捉えず、相手の発言を言葉尻で捉えてしまう
- 難しい話になると、聞く気をなくしてしまう

などが挙げられる。

《相手に問題がある場合》
- 上から目線でものをいう人
- 新入社員や高年齢社員など自分とかなりの年齢差がある人

- すべてをネガティブに捉える人
- 一方的に話をする人

などが挙げられる。

　自分に関しての問題は対応の方法はあるが、相手を変えることはできないのが今までのコミュニケーションであった。
　ホスピタリティ・コミュニケーションは自分が変わることによって相手を変えるというロジックを持っている。自分の発信と受信のありようを変えれば相手の出方も変わるものである。
　自己革新がホスピタリティの要素であり、コミュニケーションが円滑に進まないすべての「原因」と「答え」は自分の中にある。
　頭に多面の顔を持つ十一面観音という観音像がある。これは像を見る人の気持ちで出る顔が違うといわれている。上司に烈火のごとく叱られると上司の顔が鬼のように見える。この場合、当然のごとく相手を拒絶する。しかし、よく見ると上司の顔はいつもの顔で鬼ではない。
　たまに、上司からほめられると上司の顔が天使のように見える。その場合、こちらから、すり寄ろうとする。しかし、どう見ても天使の顔ではない。いわゆる、その人の心の在り方で相手を敵と見るか味方として見るかが変化し、相手に対しての自分の対応が決まるのである。
　たとえば、相手をどんなときでも天使として見る、ホスピタリティ精神の敵をも受け入れる、という受容の姿勢があれば、自分の「発信」が好意的なものに変わる。
　当然、相手の出方にも、受け入れられているという変化が現れるのである。
　天使として見るということは具体的にいうと、どんな相手に対しても「開く」ということであり、「親しみやすさ」を相手に与えるということである。
　次頁の図表3−2は、ホスピタリティ・コミュニケーションをモデル化したものである。

**図表 3-2** ホスピタリティ・コミュニケーションモデル

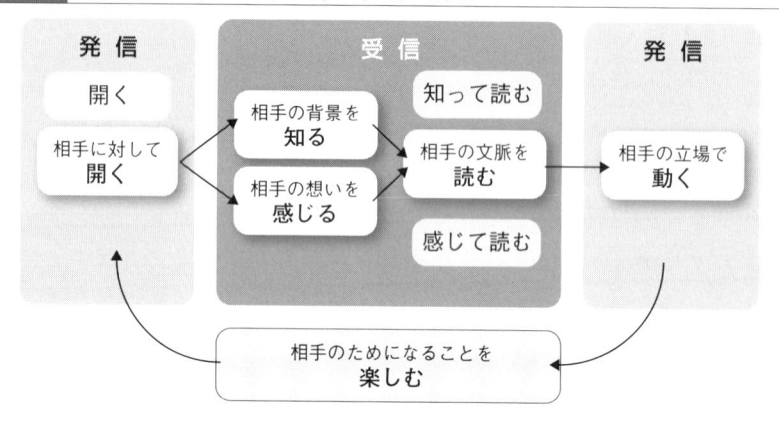

```
発 信                受 信                 発 信
 開く          相手の背景を   知って読む
              知る
 相手に対して                相手の文脈を    相手の立場で
 開く          相手の想いを   読む          動く
              感じる
                           感じて読む

              相手のためになることを
              楽しむ
```

　通常のコミュニケーションは「受信」「発信」という構成で考えられているが、ホスピタリティ・コミュニケーションにおいては「受信」の前に「発信」が追加される。この発信は相手に対して「開く」ことである。「開く」とは相手から見て親しみやすいと感じさせることをいう。

　パソコンに向かい忙しそうにイライラ、ピリピリ感を出して相手を拒んでいる状態を「閉る」といい、相手は親しみやすさを感じず発信をしてこない。当然、自分は受信をすることができないことになる。

　先に挙げた「相手に問題がある場合」の事例は自分が閉じている状態がほとんどであり、親しみやすさを提供していないところに問題がある。

　ホスピタリティ・コミュニケーションでは、まず相手に対して親しみやすさを発信することが始まりとなる。

　アンダーソン（Anderson.N.H）は「好まれる性格の研究」において、どのような性格特性の人が好まれるか、また好意を持てない好ましくない性格はどのような性格かを555の性格特性語を用いて調査した。その結果から相手に親しみやすさを与えるためには、図表3－3に示すような項目が必要だとしている。

第3章 ホスピタリティ・コミュニケーション

**図表3-3** アンダーソンの示した「好まれる性格」と「嫌われる性格」

| 順位 | 好まれる性格 | 嫌われる性格 |
|---|---|---|
| 1 | 誠実な | うそつき |
| 2 | 正直な | いかさま師 |
| 3 | 理解のある | 下品 |
| 4 | 忠実な | 残虐 |
| 5 | 信用できる | 正直でない |
| 6 | 当てにできる | 信用できない |
| 7 | 知的な | 不快な人 |
| 8 | 頼りになる | 意地悪 |
| 9 | 心の広い | 卑怯 |
| 10 | 思慮深い | 人をだます |

出典：Anderson,N.H.(1968)「好まれる性格」の研究から上位10を抜粋

　また、日本では林文俊が「対人認知構造の基本次元についての一考察」で「個人的親しみやすさ」の5つの要素を明らかにしている。こちらの内容のほうがアンダーソンのデータよりは日本人になじみやすいと感じられる。（図表3－4）

**図表3-4** 「個人的親しみやすさ」の要素

> 心の広い
> 明るい
> 親切な
> 信頼できる
> ユーモアのある

出典：林文俊「対人認知構造の基本次元についての一考察」より抜粋

　この5つの要素を相手に提供することが「開く」ことである。SMAPでいうと中井正広、香取信吾はこの5つの要素をうまく表出しているので「親しみやすい」と感じられ、様々な人が周りに集まってくるのであろう。
　開くことにより相手に親しみやすさを発信すると、苦手な相手も自分に

寄ってきて、どんな相手ともコミュニケーションのスタートがきれるのがホスピタリティ・コミュニケーションの第一の「発信」である。

## ④相手の文脈を「知って読む」

　開くことにより相手に親しみやすさを与えると、相手は様々なことを伝えようとしてくる。次に自分がしなければならないことは、それらを正確に受信することである。

　自分の受信に関しての問題点をソリューションする考え方が、「知って読む」と「感じて読む」である。（図表3-5）

　受信には2系統あるのがホスピタリティ・コミュニケーションモデルである。1系統は「知って読む」。2系統は「感じて読む」である。「知って読む」は相手の事実情報を知って文脈を読み込むことであり、「感じて読む」は相手の話し方や表情、視線や手の動きから感情や置かれている立場を感じて文脈を読み込むことである。

**図表3-5** 「受信力」の要素

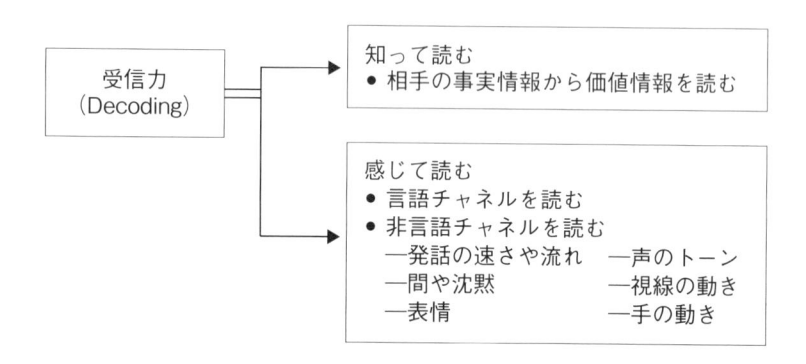

```
受信力
(Decoding)
├─ 知って読む
│   ● 相手の事実情報から価値情報を読む
│
└─ 感じて読む
    ● 言語チャネルを読む
    ● 非言語チャネルを読む
        ―発話の速さや流れ　　―声のトーン
        ―間や沈黙　　　　　　―視線の動き
        ―表情　　　　　　　　―手の動き
```

　まず、知って読むとは、顕在化している相手の性別、年齢、出身地、所属など人の属性を判断するための客観的なデータを事実情報として確実に把握し、それらを相手が持っている価値前提（望ましいもの、実現してほ

しいもの、期待するもの）によって生み出される価値情報へと変えて読み込んでいく。

たとえば、相手は59歳高知出身で実家は寺院という事実情報から、「最近の四国について、歩き遍路が増加した」ということも知っているだろうな、という価値情報として変換できる。

いわゆるこれがコンテンツづくりである。これを発信に使うと、相手は、「自分が四国の高知出身で実家が寺院、50歳代後半だから四国遍路のことを知っていると想定して話題を出してきたのだろうな」と感じる。いわゆる、自分を知ったうえでこの話題を出してきたのだと認識するのである。

図表3－6は、事実情報と価値情報の関係をモデル化したものである。

**図表3-6**「事実情報」と「価値情報」

事実情報
人の属性を判断するための客観的なデータ

- 年齢
- 所属
- 氏名
- 性別
- 出身　etc

目に見える部分

- 興味・関心
- 問題意識
- 理想
- 価値観
- ものの見方　etc

価値情報
個々人が持っている、価値前提（善きもの、望ましいもの、実現してほしいもの、期待するもの）によって生み出される情報

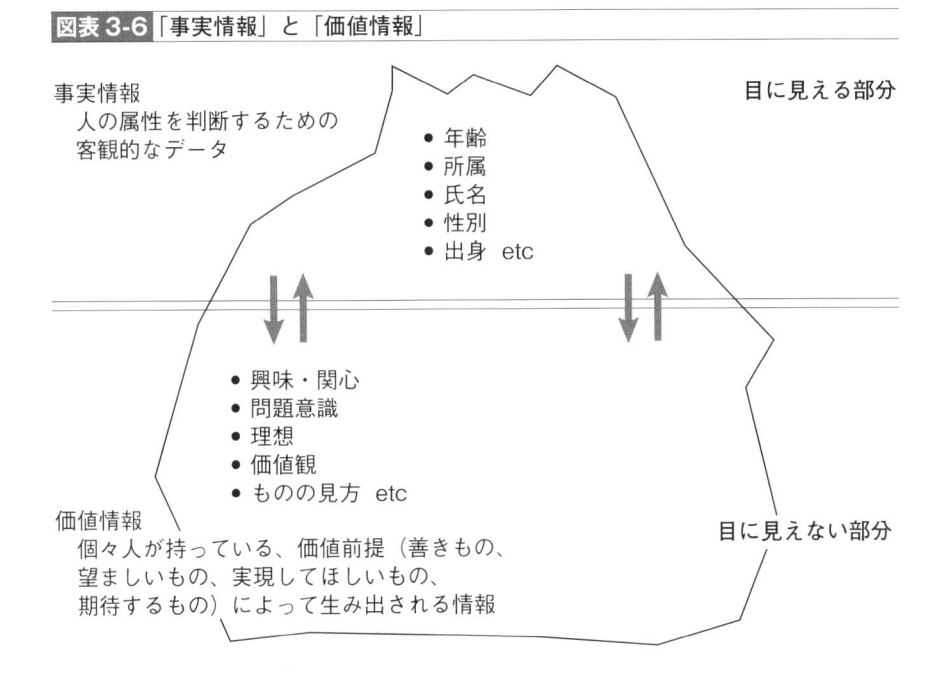

目に見えない部分

図表3－6には矢印が双方向となっているように、事実情報の項目と価値情報の項目が逆の場合も存在する。相手の「興味・関心」は事実情報と

して認識しているが、「出身地」がわからないという場合もある。

　昼食時にいつもうどんを注文し、「関東のうどんは醤油を飲んでいるみたいにだしが濃い、コシも弱い……」。このような興味・関心が事実情報としてわかれば、出身地は関西圏で、なおかつコシが弱いといっているならば讃岐地域の４県かなと価値情報が生み出される。

　このように、ホスピタリティ・コミュニケーションは知って読むことによって相手をより深く理解することができ、提供するコンテンツの深さにも違いが出て相手に与える印象も変わるものである。

　自分が発信をするときも、
「先輩！家族で旅行に行きたいのですが、どこかいいところないですか？」
と唐突にいうのではなく、相手の事実情報を知ったうえで、
<u>「先輩は前職が旅行会社で、全国の観光地を添乗業務で行かれたそうですが</u>（事実情報）、<u>どこか印象に残っている場所はありますか？今、家族で旅行を計画しているのですが</u>（価値情報）」
というように、事実情報を加味して話すことにより「この後輩は私が旅行業界経験者だということを知ったうえで相談にきたのだな」と、印象は大きく変わる。

　情報には事実情報、価値情報という２種類の情報があるが、相手のことを良く知るためには相手の「事実情報」を知ることにとどまらず、事実情報を元に、相手の「価値情報」について様々な仮説を膨らませていくことが重要である。この力が「知って読む」ことである。

## ●●●⑤相手の文脈を「感じて読む」

　もう一つの系統である「感じて読む」は、相手の感情や置かれている立場を「言語チャネル」や「非言語チャネル」から読み込むことである。

　なかでも感じて読むために留意しなければならないのは、相手の非言語チャネルをしっかり押さえ、そこから相手の意図や気持ち、想いを読み解

くことである。

　非言語チャネルには、

- 発話の速さや乱れ
- 声のトーン
- 間や沈黙
- 視線の動き
- 表情
- 手の動き

などがあるので、自分の五感をフルに使って「感じる」ことが必要である。

　たとえば、この人はなぜこの言葉を発すると眉間にしわを寄せるのか、なぜこの話題になると口数が少なくなるのか、などを感じてあげることが必要とされる。

　「KY」（空気が読めない）という流行語があったが、感じて読めない（KY）ということは、まさしく空気が読めないことである。

　現在は若年層を中心として中高年齢層まで場の空気が読めない人々が急増しているが、その原因は人間観察をしておらず、そこから相手が置かれている状況を感じることができなくなっていることに起因する。結果として場にふさわしくない発言や行動をし、お互いの関係性を悪化させているのである。

　コミュニケーションは「伝えたいことを確実に伝える」ということが前提であるが、ホスピタリティ・コミュニケーションは「伝えてはいけないことは伝えない」という要素が加味される。相手が気分を害するようなことは伝えないということである。

　たとえば、毎期赤字計上している会社に対して、倒産の話。顔色の悪い人に対しての病気の話などである。

　わかっているがやってしまう場合と、わからずにしてしまう場合がある。これが、その場の空気を読めないということにも関係性がある。

　対人関係や社会集団の状況における情緒的関係、力関係、利害関係など、文字では明示的に表現されていない、もしくは表現が忌避されている関係性の諸要素についても察知しておく必要がある。

　たとえば、社内の風土的に「Aという部署に異動することは左遷だ」という文字では明示されていない情緒的情報が発生している場において、「A

部署に異動してもがんばってくださいね。すぐに戻ってこられますから」というコミュニケーションは、相手の気分を害することになり、せっかく築いてきた信頼関係がもろくも崩れていく。

このような場合は、あえてコミュニケーションをとらず、何も言わないということが最適なコミュニケーションとなることもある。

相手の気持ちを害することは、コミュニケーションの本来の姿ではない。そのためには感じて読む力が必要不可欠となる。

非言語チャネルまでしっかり把握し、相手の意図や気持ち、想いを読み解くためには、図表3－7にあるように4つの力を磨くことが求められる。

**図表 3-7** 「感じて読む」ために必要な4つの力

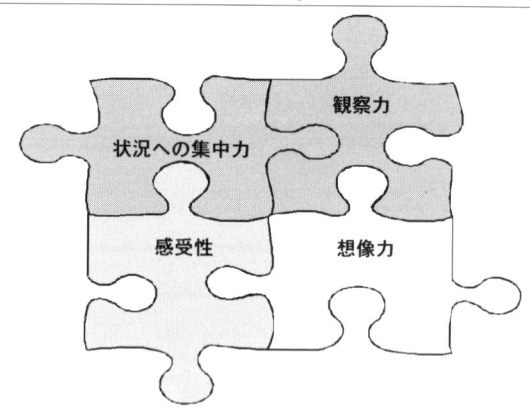

（パズル図：状況への集中力／観察力／感受性／想像力）

まず、いま置かれている状況へ五感を集中させる「状況への集中力」。そして相手の言葉や動きなどを五感を活用して確認していく「観察力」。それらが自分にとって不快なものであったとしてもすべて受け入れる「感受性」。そして、どうしてこのような言い方をするのか、なぜこのようなしぐさをするのかを想像し、相手の想いを読み込む「想像力」。このように、ホスピタリティ精神に裏付けられる4つの力が求められる。

これら4つの力を磨き高めることにより、相手の置かれている状況とど

のような想いを持っているのかを感じて読むことができるのである。

> 「知って読む」「感じて読む」ケース
>
> あなたは入社1年目の新人である。同じ部署で先輩の児島好子さんと出張に行くことになった。新幹線の中で児島さんにどのような話題を振るか。

児島さんの事実情報としてわかっていることは、以下の情報である。

> **児島好子プロフィール**
> - 1960年生まれ
> - 短大卒業後ABCフーズへ入社　営業部勤務
> - 父は不動産業を営み田園調布に住む資産家
> - 29歳のときレストラン経営の青年実業家と結婚
> - 結婚後も営業部アシスタントとして業務を仕切り評価も高い
> - 35歳のときに離婚
> - 愛車はベンツ300TE
> - 40歳で再婚。今は21歳と6歳の子供がいる
> - 南栗橋のマンション在住
> - 趣味はドライブと松任谷由実のライブに苗場へ行くこと
> - 社内では旧姓で通している
> - 最近の若い子は「空気が読めない」と社内報に投稿している

　上記の「事実情報」を「価値情報」に置き換えて話材とすると、以下のようになる。

- 「私は食品営業がやりたくてこの会社に入ったのですが、先輩はなぜ入社したのですか？」
- 「お父さん、社長なんですって？　すごいですね。何かあったらすぐに助けてもらえますね」
- 「ベンツに乗ってるのですか？　セレブですね」
- 「お子さんの年が離れてますが、仕事とプライベートの両立はむづかしいですか？」
- 「松任谷由実の曲で一番好きな曲は何ですか？」
- 「正月には一家4人で実家に顔を出すと、お父さん大喜びのことでしょうね」
- 「児島さん、お幸せで何よりです。私も見習いたいです」

しかし、この話材では児島さんは気分を害してしまう恐れがある。

このプロフィールから怪しさを「感じて読む」行為が必要となるのである。それをしないで単に価値情報を提供すると「最近の若い子は『空気が読めない』と社内報に投稿している」という結果になってしまうのである。

感じて読んだ場合、再婚した児島さんの心境は？　そのプロセスは？　なぜ、子供の年に開きがあるのか？　なぜ、未だに旧型のベンツ300TEに乗っているのか？　この、プロフィールにおける両親の心情は？　などを想像して感じてあげる必要性がある。

児島好子の実際のプロフィールは、以下である。

〔児島好子の実際のプロフィール〕
- 短大時代留年をし就職活動を逸し、資産家の父親のコネで大手ABCフーズへ入社
- 父親の反対を押し切って29歳のときレストラン経営の青年実業家と結婚

- 30歳で第一子を出産。両親は仕事を辞めるよう勧めたが、夫の理解もあり仕事を続けることを決意。ベビーシッターの世話になりながら子育てと仕事を両立
- 35歳のときに夫が事業で失敗。多額の借金を抱え離婚
- 離婚後、夫から最低限の養育費支払いの約束を取り付けたが1年で失踪
- 残ったものは自分名義で夫が買ってくれたベンツ300TEのみ
- 38歳のときにランチをよく食べに行っていた喫茶店の店主と恋に落ちる
- しかし、店主には妻と子供がいた
- 2年後妊娠を機に店主は離婚を決意。再婚。2児を出産
- 再婚に大反対していた両親は激怒し勘当される
- 以来、実家とは疎遠
- 南栗橋の賃貸マンションで別れた店主の子供の養育費用を払いながらの生活が始まる
- 夫は再婚を機に南栗橋駅前に店を移したが不況の波を受け経営が厳しい
- 運転は好きだが、車種にこだわりはなく興味もない。経済的に買い換える余裕もないため前夫からのベンツに乗り続けているが、前夫の遺品のようなものなので人から車種を聞かれ「ほ〜ベンツですか」と言われるのがとても不愉快
- 松任谷由実の苗場ライブは荒井由実の時代の曲を多く聴けるため欠かさず行っている
- 荒井由実時代の曲の話になると俄然、口数が多くなる
- 社内では波乱万丈なプライベートを極力隠し旧姓で通している。社内で詳しい事情を知る人は少ない
- 入社当時の父親の知り合いもほとんど退職しているため、今の会社は居心地は悪くないと感じている

これを見ると、提供した話材はすべて相手の気に障っている。伝えなければならないことを伝えることがコミュニケーションであり、伝えてはいけないことは伝えないということもコミュニケーションである。伝えてはいけないことを伝えることにより、今まで築いてきた信頼関係が一気に崩壊する可能性を秘めているのである。

　人は誰しも人生を背負って生きている、人や家族は客観的には穏やかに見えても厄介な問題と向き合って生活をしている、人に知られたくない「事実情報」は隠すものである。

　しかし、隠された部分があると全体がちぐはぐな流れとなり、事実情報に怪しさが漂う。そこを察することも「感じて読む」であり、相手の立場に立って言葉を選ぶことも「感じて読む」である。

　今回のプロフィールのように話材の提供がしづらい、または深く感じて読むことが不可能な場合の話題は時事ネタから提供するとよい。

　児島さんの年代から察して「児島さん、学生時代にカセットテープ型のウォークマンって発売されていたと思うのですが、お買いになりました？」「どのような曲を聞かれてたのですか？」「今のウォークマンとどちらが使い勝手がいいのでしょうね」「短大時代に東京ディズニーランドがオープンしたと思うのですが、行かれました？」「小島よしおって知ってます？」など、相手の同時代的な事実情報（時事ネタ）から話材を提示すると問題はないのである。

　相手の気分を害さないためには単に「事実情報」を「価値情報」に置き換えるのではなく、「事実情報」から「感じて読む」ことも必要とされる。「知って読む」と「感じて読む」の2系統を同時に使用し、相手から信頼され愛される人間となることがホスピタリティ・コミュニケーションのポイントである。

　相手が置かれている状況を察することなく自己中心的なコミュニケーションをとることは自分にとっては楽なことである。しかし、ホスピタリティは人と人とのご縁でつながっているものである。自分が楽であっても相手が苦痛を感じた場合、コミュニケーションではなくホスピタリティでも

ない。あえてご縁を断ち切るようなものである。

## ⑥相手の立場に立った発信

　これまで「発信」系の力として、相手に親しみやすく接するために必要な「開く」という概念と、「受信」系の力として相手の事実背景や想いを知り・感じて、相手の文脈を読み解く力を説明してきた。

　ホスピタリティ・コミュニケーションモデルの最後は、再度「発信」である。「受信」でコミュニケーションをとりたい相手の情報を集め、それを元に、今度は相手の立場に立った、働きかけ方＝発信の仕方を考える。これが「相手の立場で動く」ということである。

　恋人にプレゼントを贈るときに、以前バスタイムを楽しみたい、ハーブの香りが心を癒すと言っていたから「ハーブ系のソープセット」を贈ろう、というように、知って読む・感じて読むを通して得た文脈を総合的に融合して発信することである。

　ここで重要なことは、相手に何をプレゼントしようかと考えていると相手の笑顔が頭に浮かび、考えている自分自身が楽しくなることである。当然、もらった相手も「あの時の一言を気にしていてくれた」「これを覚えていてくれた」とうれしくなるものである。

　これが本来のWin-Winの関係である。

　しかし、業務において顧客満足という方針のもと、「お客様の立場でものを考える」と言いながら企画や提案を検討するが、大体の場合は忙しい中、嫌々行っている場合が多い。検討中にお客様の笑顔などは頭に全く浮かばないのが実情であろう。

　本来は、考えている間中お客様の笑顔が頭に浮かび、こちらもわくわくドキドキの連続で時が経つのも忘れるくらいに楽しく検討がされているレベルでなければ、「顧客の立場で考える」ということにはならない。

　結局は、嫌々作ったものは顧客も楽しくはならず、満足は提供されないという負の連鎖となる。

「相手のためになることをすることでお互いが楽しむ」ことがホスピタリティ・コミュニケーションの最終ゴールとなる。どちらかが我慢をして相手を楽しませることは、サービスの主従関係の領域である。ホスピタリティは、お互いが対等に楽しむことである。

　このホスピタリティ・コミュニケーションモデルが職場を活性化していくためのベースであり、ホスピタリティ・コミュニケーションを基本にしてリーダーシップ、コーチング、ファシリテーション、職場マネジメント、販売折衝やネゴシエーションなどの応用展開が必要となってくる。

## 2. ホスピタリティ的側面としての共感性の発揮

### ①あなたが私を理解者だと思う

　ホスピタリティ・コミュニケーションモデルにそってコミュニケーションをとることにより、相手に対して共感性の発揮が可能となる。
　共感（empathy）とは、相手の身になり、その人の目を通して、その世界を見ることである。つまり「相手とともに考え感じる」ことをいう。
　中国の思想家である荘子の著書に『知魚楽（魚の楽しみを知る）』という小編がある。荘子が橋の上に立って魚を見て、「魚が水面に出てゆうゆうと泳いでいる。あれが魚の楽しみだ」という発言に対して恵子は「君は魚じゃない。魚の楽しみがわかるはずがないじゃないか」と指摘をする。
　荘子は「君は僕じゃない。僕に魚の楽しみがわからないということがどうしてわかるのか」。
　それに対し恵子は「僕は君でない。だからもちろん君のことはわからない。君は魚ではない。だから、君には魚の楽しみがわからないはずだ。僕の論法は完璧だろう」という議論の場面が描かれている。
　論理的には恵子の理屈は正しい。にもかかわらず、荘子の魚に対する感

情は共感性の発揮として完璧に機能しているのである。

　実際、荘子は魚の感情そのものを共有しているわけではないし、さらに魚に感情があるはずはないが、魚の立場にたって主体性を持ちながら自分の感情を移入することが共感をするということである。

　このように、共感性とは理論で立証できるものではない。心の考え方というホスピタリティ・マインド的なものなのである。


　共感性発揮の基本は、「私があなたのことを理解する」ことである。

　しかし、職場においても日常生活においても、相手の立場に立って考えるときに、相手のことを100％理解することができるかというと無理である。同じような価値観を持ち、同じ生活環境で生きてきた親、兄弟、子であっても親が何を思っているのか、兄弟が何を考えているのかをすべて理解することは不可能である。

　ましてや仕事、プライベートで付き合っている相手は、価値観や生活環境が違う赤の他人である。その相手のことを100％理解できるはずがないのである。

　この部分がホスピタリティ領域に特化した医療・福祉業界であっても共感性を現場でうまく発揮することができない原因でもあった。

　ホスピタリティ・コミュニケーションでは、共感性においてこれらを解決するためには文章を置き換え、解釈を変えることを行う。


「私があなたのことを理解する」
↓
「あなたが私のことを理解者だと思う」

　「私があなたのことを理解する」ということは、看護学という学問の領域では一般的にいわれていることであるが、対面状況においては実施が困難を極める。

　「私があなたを理解するのではなく、あなたが私のことを理解者だと思

う」。この考え方は、現場において実現の可能性がある。

　相手に対し自分を理解者だと思ってもらえるようなアプローチを重ねることにより、共感性の発揮が実現可能となるのである。

　部下が上司に対して「提案が、最後の社長プレゼンまで残ったのですが、今回は契約がとれませんでした」という報告をしたときに、上司が「最後の詰めが甘かったんじゃないのか？」という返答をした場合、部下は上司のことを理解者だとは思わない。しかし、上司が「今回のように競合が多い中で最終プレゼンまで残るということは大変なことだよな」という返答をすると、部下は上司を自分の理解者だと思う。

　その場合、部下が上司を理解者だと認定したときに必ず出てくるキーワードがある。それが「そうなんです」である。"It's true、Yes,that is so、Quite so, sir."である。

　この言葉は相手の意見に同意したときに発信される。「私はあなたのことを理解者だと思っている」という認識を表明した同意語であり、信頼関係が構築された証のキーワードでもある。

　いわゆる相手から「そうなんです」「そうそう」「そうですね」といった同意語が頻繁に聞かれるようになると、相手は私のことを理解者だと思っているということが確認できる。この状態が「共感性が発揮された」ということになる。

　逆に「そうではなくて」「そうですかね」「そうかな」という反意語が頻繁に出ると、相手は自分のことを理解者として認識していないということがいえる。

　共感性を発揮するということは具体的には相手の心の内側に入り、相手の立場からものを見るとともに相手に対しても相手の立場からものを見ていることを伝えた成果であるといえる。

　つまり、共感とはあなたがコミュニケートしている「相手の感情に気づき」「注意深く配慮し」、それを「相手に示す」能力のことを指す。

　共感的理解のできる人は、
• 相手の立場になって、相手がどのように感じるかを常に考えて行動す

る。
- 相手の個性を認め、尊重しようとする。
- 人々を集団として見るのではなく、独立した個人として認めそれぞれの個性を重視する。
- 話している人がどのように考えようとしているのか、あるいはその考えの奥に潜む理論について、より多く学ぼうと心がける。
- どのような時でも他の人々との違いに対して寛容である。
- 行動的であり、とっさの場合にほとんど無意識に反応する。
- 他人に対しては、常に援助的であり、思いやりがあり、攻撃的ではなく受容的に対応する。
- 相手を知ることに強い興味を持っている。

などの要素を持っている。

　共感性を発揮している人は、権力や敵意の表現、怒りを極度に嫌う。たとえば、議論になったとき、共感的理解のできる人は、議論の間でさえその議論を残念に思うのである。

　医師、看護師、弁護士、心理学者などの専門家は、相手に対し感情的に苦痛な状況から自分自身を引き離す力を持っている。たとえば、共感的理解を示しながらも、その人と自分を同一視することを避けたり、その場面に知性を働かせることができる。

　いわゆる、相手の言っている内容に対して反応するのではなく、対人間に起こっている感情に反応する能力を備えた積極的な聞き手という特性を持っているのである。

　逆に、共感的理解のできない人は、利己主義で、感情移入することが少ないため、相手の問題や喜びに感情的に入り込むことができず、また、意見不一致がたびたび起こるため、お互いに気まずい関係になってしまう。相手から「そうなんです」ではなく、「そうではなくて」「違うんです」「いいえ」「でもね」という言葉を頻繁に聞くこととなる。

## ②「伝える」から「聞く」ホスピタリティ・コミュニケーション

「共感」を医療の現場でのやり取りとして検討していくと、次のようなケースが想定される。

> **医療現場での「共感」のケース**
>
> 患者 16 歳高校生、女性。白血病でドナー待ちの状態。現状は抗がん剤投与、骨髄移植の予定である。
> ドナーが見つからなければ命はなくなってしまう。

以下は、病棟での患者様と看護師の会話である。

看護師「早く元気になって、皆と一緒に海を見に行けるといいね」
　　　（患者はそこで大声を上げる）
患　者「そんなこと言わないでよ！　あなたみたいに元気な人の顔を見るとムカつくの！　私はドナーが見つからなかったら死んでしまうんだよ！」
看護師「弱気になったらだめだよ。まだ可能性はあるのだから」
患　者「簡単に言わないでよ。あなた元気じゃない。あなたに私の気持ちなんかわかるわけない」

あなたがこの看護師の立場であったら、どう答えるだろうか。

A．命の大切さを説く
「そんな弱気になってはいけませんよ。生きるか死ぬかじゃなくて、どう生きるかだよ」
B．相手の言葉をそのまま返す
「私はあなたの気持ちはわからない」

## C．あなたのことは理解していると説明する

「私は看護師になって25年になります。あなたのような多くの子供たちを何百人と見てきました。だから私はあなたの気持ちが手に取るようにわかります」

　この場合、いかにして患者様に共感性を発揮するかが応対のポイントとなる。

　いわゆる、自分が発した言葉に対して相手から「そうなんです」という同意語に続くかどうかである。

　「あなたに私の気持ちなんかわかるわけない」という発言に対して「いいえ、私はわかります」ということを伝えるＣはありえない対応である。

　しかし、これは教員対生徒、医師・看護師対患者といった優位性を保つために使いがちな演繹法であり、場の状況を感じて読むことができない人は立場上、躊躇なく使用してしまう手法である。医療におけるアブユースといえる。

　Ａに関しては意見が対立する相手に対しての同意を得るための説得話法である。

　相手を説得して理解をさせる。理解をするとは知識を増加させたり更新したりすることである。具体的にいうと、新しい情報を既有の知識に付け加えたり（同化）、既有の知識の枠組みを変更したり（調整）、全く新しい枠組みにつくり直したり（変換）して、記憶し直すことである。

　そのうえで説明して納得を引き出し相手の認知の変容と行動の変容を実現する。

　しかし、このＡの対応は、説得するための情報に信憑性がなく内容的に陳腐である。納得を引き出すことはできない。

　Ｂは事実フィードバックというフィードバック手法をとっている。

　会話のポイントになる部分を取り上げて、相手の話す「事実」をオウム返しで確認していくことである。

　この場合の話の流れは以下になる。

患　者「あなた元気じゃない。あなたに私の気持ちなんかわかるわけない」
看護師「ごめんなさい。私はあなたの気持ちがわからないかもしれない」
患　者「そうだよ。わからないよ。誰にも私の気持ちなんかわからないよ」

　ここで「そうだよ」という同意語が現れる。この言葉で、この看護師は私の理解者なのだということが認識できる。
　このケースに関しての対応はBが最適と思われる。様々な状況が考えられるが、相手の同意を得て話を建設的に進めていくためには事実フィードバックを適用するべきである。

　職場の例で検討すると、以下のようなケースになる。

---

**職場での「共感」のケース1**

　私は今の仕事に不満を持っています。私は大学時代、マーケティングを専攻していたので、お客様を相手に営業をやってみたかったのです。配属されたのは営業部ですが第一戦の仕事ではなく、商品発送の手続きや在庫計算、あるいは返品処理などをやらされうんざりです。同じ大学を出たC君が隣の課でバリバリ営業をやっている姿を見るとつい頭にきてしまいます。

---

　このケースに対しての対応の仕方には、5つのパターンがある。

## （1）評価的コミュニケーション

　相手の発言に対して良いか悪いか、適切かどうか、あるいは効果的であるかどうかの判断を与える言い方をいう。
　「会社にも都合があるから、誰しも希望通りにはいかないよ。苦労することも仕事だから2〜3年は我慢するんだな」

## （２）解釈的コミュニケーション

相手の発言を自分なりに解釈して相手と話し合うもの。自分が解釈した意味の説明が中心となる。

「あなたはマーケティングを専攻していたから、営業担当のほうが能力を発揮できると思っているのですね」

## （３）探索的コミュニケーション

相手の言わんとしていることをもっと知りたい、深く知りたいと突っ込んで聞いていく話し方をいう。

「あなたは営業の仕事と今の仕事を比較してみましたか。いやになった気持ちだけでなく、なぜ不満があるのか具体的に話してくれませんか？」

## （４）支持的コミュニケーション

相手の気持ちや考えを支持し、不安や恐れをやわらげようとする話し方をいう。

「同じ学校を出たＣ君がバリバリ仕事をしているのを見ると頭にくるのですね。よくわかります。誰でも差をつけられたくありませんからね」

## （５）ホスピタリティ的コミュニケーション

相手の考えや感情を正しく理解し、受容していることを示すもの。

「あなたは、もっと自分の能力を十分に伸ばしたいと思っているのですね」

上記の（１）評価的コミュニケーションは患者と看護師の例におけるＡとＣの回答である。ホスピタリティ・コミュニケーションではとってはいけない対応といえる。

評価的コミュニケーションを除いては、あとに「そうなんです」という同意語がつながる可能性が大きい。（５）ホスピタリティ的コミュニケーションにいたっては、共感性を最大に発揮しているといえる。

実際に、共感によって他人の感情がわかるのかは永遠の謎である。論理的には、他人の感情は他人のものであり、それを確認する方法は実在しない。

しかし、わかろうとしている思いを相手に伝えることは、ホスピタリティ・コミュニケーションでは大きな意義があるといえる。

---

**病院での「共感」のケース２**

闘病生活を送っている女性患者21歳。骨軟骨腫瘍。数回にわたる意識障害。自分の死期が近いことがわかっている。婚約者の佳祐がベッド脇により添っている。

「ねえ佳祐……佳祐ってあと何回呼べるかな。こうやって佳祐って……」

---

あなたが佳祐の立場だったら、どのように答えるだろうか。

A．冷静に的確に答える
「１日10回呼ぶとして余命10日で100回。終末期になると会話ができないので80回から85回ぐらいかな」
B．相手を励ます
「そんな気弱なこと言ってはいけないよ……」
C．完全無視
「……」

この場合、Aが正解ではないことは理解できる。彼女は何回呼べるか、と回数を問うてきているので、通常の答えは回数を答えるべきである。しかし、感じて読むことにより、この回答は誤りであると認識することができる。

Bは伝える情報量が説得力に乏しいこともわかる。

対応としてはCが望ましい。人は相手の役に立ちたい、支えたい、力になりたいという思いが強いときにその苦しみに応えたいという思いから、無理に行動や発言をしてしまう。しかし、世の中には答えられないきわめて理不尽な問いかけが存在し、それには答えることをしてはいけない。この場合は理不尽な問いかけに該当する。

だが、実際には答えようという気持ちが強いときに、このような問いかけに答えてしまう場合が少なくない。

患者「私はたばこも吸っていないし、健康にも留意してきました。にもかかわらず、どうして私が肺がんなんですか？」

医者「たばこを吸っていなくても健康に留意していても肺がんになることはあるんです。あなたのご両親もがんで亡くなっているじゃないですか。がん家系なんですよ」

これが答えてはいけない問いかけに答えてしまった評価的コミュニケーションのケースである。相手の立場に立って考えた場合に、よい印象を持つことができるだろうか。患者は自分の気持ちを訴えたいだけであって、回答を期待してはいないはずである。それに答えてはいけないのである。「伝えるコミュニケーション」から「聞くコミュニケーション」への転換は、このようなことを意味しているのである。

## ③判断保留の原則

評価的コミュニケーションに陥らないためには、「判断保留の原則」というホスピタリティ・コミュニケーションの手段がある。「判断保留の原則」とは、現象学でフッサールが使った用語で、異文化や異文化を背景に持つ人に出会ったとき、自分の持っている価値観では判断・評価ができないことに遭遇することがある。そのような場合、自分の持っている価値観でそ

れを判断せず、とりあえず判断を保留して様子を見ること。これが判断保留の元となった考え方である。

たとえば、マレーシアのトイレに入るとトイレットペーパーがなく便器の横に水が入ったバケツと柄杓があり、または水道のホースのみが用意されている。日本人がはじめてこのような状況に出会ったら違和感を持つだろう。こんなとき、自分の文化を基準としてそのことを否と判断せず、とりあえず判断を保留して、実際にその生活に溶け込んで様子を見る。

このような態度が「判断保留の原則」である。

具体的には、相手の言動・行動に対して、即座に反応したり、断定せずに、自分の判断を脇において相手を理解しようとする態度を示すコミュニケーションである。

そして、相手の「感情」を受け止め、相手の言葉・行動の背景に潜む本当の気持ちを理解することである。相手の気持ちを正しく理解しようとしないまま相手を説得しようとすると、相手はますます反発することになり円滑なコミュニケーションを取ることができなくなる。

---

「判断保留の原則」のケース

お客様「担当者が変更となり、この案件を引継ぎしました。前担当者からは購入計画と納期の話は聞いていますが、見積もりについては聞いていません。改めて見積もりについて打ち合わせがしたいのですが……」

営　業「見積もりと申しますと？」

お客様「担当が私に代わったので私の方針で進めたいのです。改めて私と見積金額の交渉をしていただけませんでしょうか」

---

■説得にかかっている例

営　業「私どもは前任の担当者の方ときちんと打ち合わせをさせていただいており、見積もりに関してもご了解をいただいていると認識して

おります、見積もり交渉に関してはお受けすることはできません……」
お客様「ふざけるな！　何様だと思ってるんだ！」

　相手の気持ちを正しく理解しようとしないまま相手を説得しようとすると、相手はますます反発する。
　そのような場合は、判断保留の原則を活用する。

営　業「そうですか（あいづちのフィードバック）。Ａさんはこの案件を引継ぎされて、見積もりの詳細に関しては聞いてらっしゃらなかった。見積もりに対してご不満をお持ちなのですね」

　このように、事実フィードバックを用い、相手の言葉を受け止め、自分の言葉で言い換えをして、理解が正しいかどうかを相手に確認する。

お客様「そうなんだよ。困るんだよ、こんなことじゃ。見積もりに関してはそれなりの対応はしてくれるんでしょうね」

　ここで相手から同意語である「そうなんです」を引き出すことができる。
　そして、さらに判断保留の原則を使用し、相手の言葉の背景に潜む本当の気持ちを理解していく。

営　業「では、なぜ見積もりにご不満なのでしょうか？　予算に合わないということでしょうか？　競合他社の見積もりよりも高いということでしょうか？　または、他のご事情が発生されましたか？」

　このようにして判断保留の原則を使用することにより、相手とのホスピタリティ・コミュニケーションが円滑に推移し、相手の気持ちを受け入れることが可能となる。その結果、両者における信頼関係の構築にも役立つ。

ホスピタリティ精神での相互確立、相互発展に近づいていくのである。

## ④私メッセージ

　ホスピタリティ・コミュニケーションを展開していると、相手を理解することが念頭に付きまとい、ペースは相手中心となる可能性がある。ホスピタリティは両者がWin-Winの関係を目指し、お互いが幸せになることを目標とする。

　しかし、職場において、言っておきたいことや言いづらいことを伝えなければならないことも発生する。それが相手にとって不利益な場合もあり、将来的な行動の規制になるような場合も発生するが、この時点であえて主張しなければならない状況もある。

　そのようなときは「私メッセージ」の手法を使い、以下の３つの観点で話す内容を整理しておくと、へりくだりすぎることなく、また相手のことも尊重しながらのホスピタリティ・コミュニケーションが成立する。

　私メッセージとは、「あなたはこうなんだ……」「あなたはこうするべきだ……」といった「あなた文」で相手を断定するのではなく、「私は……と思う」「私は……と感じている」と主語を私にした文で相手にメッセージを伝えていくホスピタリティ・コミュニケーションである。

- 「自分がどのように感じているか」（感情）
- 「なぜそのように感じているか」（説明）
- 「どうしてほしいのか」（依頼）

　上記の３つの要素を入れて話すもので、感情と説明と依頼をミックスしてメッセージを発信していく。相手に対して「ああしろ」「こうしろ」というのではなく、自分自身の想いを率直に伝えることで相手の共感を得やすくなる。

### ■「あなたメッセージ」：よくない主張の例

- 「あなたは入社して10年のベテランなのだから、自分のことばかりじ

ゃなく、もっと後輩の育成という視点を持って仕事をしてもらいたいね！」

これは主語が「あなた」であり、一方的であり相手の気分を害してしまい、自分の主張を通すことができない。

■「私メッセージ」：良い主張の例
- 「私は最近、うちの課の若手があまり成長していないことにがっかりしているんだ」（感情）
- 「他部門との意思疎通もできていないし、うちの課でやらなくてもよいような雑用を若手がやっている。私を含め、皆忙しくてなかなか若手のサポートが出来ていないのが原因かもしれない」（説明）
- 「君も忙しいだろうが、これまでのキャリアを活かしてもう少し後輩の育成という視点を意識して仕事に取り組んでみてくれないだろうか」（依頼）

このような手順で話をすることにより相手はこちらの主張を受け入れやすくなり、職場でのコミュニケーションもよくなる。ギスギスした職場、不機嫌な職場の解消のためのソリューションの一助となりえる。

## ⑤状況の法則

自分の主張をするときには、私メッセージの他に「状況の法則」という手法もある。

イギリスの経営学者フォレット（M.P.Follet）は、たとえ指示や命令であっても、その背景となる状況を伝えることによってそれが相手に屈辱感なしに受容されることを発見した。これを「状況の法則」と呼んでいる。

状況の法則とは、自分が出す指示や命令であっても相手が置かれている状況を説明することによって、相手に屈辱感なしに受容されることである。

これは自分が相手に命令を与えているのではなく、「あなたが置かれて

いる状況があなたにこれを命令しているのだ」という考え方である。

つまり、命令の発信元を自分から客観的な状況に転換することによって、たとえ同じ命令であっても、それが強制的な命令から相手が納得できる命令へと性格が変わってしまうことを意味する。

相手に指示や命令を出したり、あるいはほめたり叱ったりするときには、この状況の法則が相手の意欲を引き出すうえで重要となる。

たとえば、子供が朝なかなか起きない。それに対して「早く起きなさい。何時だと思っているんだ」。

この言い方は単純な指示・命令である。子供は布団から出てくることはありえない。

その場合、子供が置かれている客観的状況をまず説明することである。

「早く起きなさい。何時だと思っているのですか。早く起きないと着替えと食事が間に合わなくて、昨日のように友達が迎えに来て、寒い中、外で待たす結果になるんだよ」。

このように相手が置かれている状況を説明すると、「寒いのでもう少し布団の中にいたい。しかし、それをすると昨日のように時間がなくなり、友達を待たすことになってしまう。友達に迷惑をかけてしまうな。起きるか……」というように、自分なりに考え、納得し自発的に行動を起こすのである。

さらに、状況の法則を使う場合の説明ポイントは、次の2つである。相手に理解させ納得させるためには、以下の2つのポイントに配慮しながら話す必要がある。

■状況説明のポイント
(1) 仕事の大局的な意味を伝える
＝「その仕事は大局的にはどんな意味があるのか」
- その仕事はどのような目的を実現するためのものなのか
- 目的を実現するうえで、その仕事はどのくらい重要な位置づけにあるのか

## （2）相手にとっての意味を伝える
＝「その仕事をすることがあなたにとってどのような意味があるのか」
- その仕事のあなたにとっての意義は何か
- その仕事をすることによって、あなたにどのようなメリットがあるのか

この２点をありありと具体的に説明することにより、相手はどんなに状況が不利であったとしても違和感なく受け入れる。

歴史上、最悪の事例であるが、戦時中、日本は以下のようにこの状況の法則を使ってしまったのである。

■大局的な意味とあなたにとっての意味を伝える

「今、日本はこの戦争において劣性な立場に置かれている。何とか優位な立場に立ちたい。ついてはこの先、アメリカの太平洋艦隊が真珠湾に総結集する。このタイミングを見計らって真珠湾に総攻撃をかければ太平洋艦隊にダメージを与えることとなり、結果、日本は優位な立場に立てる。だから真珠湾を攻め込め」。

これが大局的な意味であり、これを聞いた当時の兵隊は理屈では理解ができた。しかし腑に落ちなかった。

理由は次に日本が言ったことである、「燃料が底をついているので片道分の燃料で飛んで行ってほしい。爆弾も足りない状況なのでそのまま飛び込んでほしい」。これは100％の可能性で腑に落ちない。日本はこれを「あなたにとっての意味」を伝えることにより腑に落とさせたのだ。

「特攻隊として出撃することにより、残された家族は安全で安心に日本で暮らせるんだぞ。そして、お前の屍は靖国神社へまつられる、お前の家系から靖国にまつられる仏を出すことは家にとって名誉なことなんだぞ」。そして最後の決め言葉は、「お前は天皇陛下のために死ねるんだ」。これが当時の兵隊にとっては自分にとってのメリットであった。

そして、多くの若い命が消えていったのである。これは歴史上最悪のケ

ースではあるが、どんなに理不尽な状況であったとしても、この2つを説明することによって人は納得し自発的に行動するのである。

> **職場の「状況説明」のケース**
>
> あなたは入社5年目の吉田さんに、新人のOJTリーダーを任せようと考えている。そろそろ人を育てる経験を積んでほしいと考えている。しかし、吉田さんは育成をした経験がなく、まったく興味がない。しかも現状の業務で手いっぱいで指導をする余裕がない。あなたは状況の法則を使い、吉田さんにOJTリーダーを引き受けさせてください。

あなただったらどのような言葉を使って、2つのポイントを説明するだろうか。

「OJTリーダーをすることが大局的にはどんな意味があるのか」
- OJTリーダーはどのような目的を実現するためのものなのか
- 目的を実現するうえでOJTリーダーはどのくらい重要な位置づけにあるのか

「OJTリーダーをすることが吉田さんにとってどんな意味があるのか」
- 吉田さんにとってのOJTリーダーの意義は何か
- OJTリーダーをすることが、どうして今がチャンスなのか

「大局的な意味」に関しては日頃、上司が言っていること、組織の方針などを端的に伝えればよい。問題は「あなたにとっての意味」である。これは日頃から深いコミュニケーションを取っておかないと、どのような言葉が相手の琴線に触れるのかがわからない。相手にモチベーションを与えることができないのである。

## （1） 仕事の大局的な意味を伝える

「今、うちの会社は人材の早期育成が重要課題です。特に新人には早期戦力になってもらわないと職場の負荷が増える一方である」。

## （2） 相手にとっての意味を伝える

「あなたは入社5年目という立場になったので、今までの仕事から一段階上の仕事をやってほしいと考えている。人を育てるという経験をすることにより、職場全体を見渡せることもできるし、仕事の指導をすることによって今の仕事を別の角度から見ることができるので、これからのあなたのキャリアの中でプラスになると考えているんだ。あなたなら、きっとできると思うよ」。

このようにポイントで伝えると、相手は自らやってみようという内発的動機づけが生まれ納得して行動するのである。ホスピタリティ・コミュニケーションは、「物は言いよう」という諺があるように、同じことでも伝え方を変えることによって、相手の出方を変えることが可能となる。

「自己中心的」という言葉はホスピタリティでは肯定される。自己中心的というと悪いイメージがつきまとうが、これをステレオタイプしたのは裁判所である。悲惨な事件があると裁判官は「極めて自己中心的であって許しがたい犯罪である」とする。しかし、犯人はその時に自己を失っていて欲や、目先のことに溺れていたから、重大な犯罪を起こしたのであって自己を確実に持っていれば、そのような行為はしなかったはずである。自己中心に生きるとは自己の肯定であって、自分の将来を見据え、良くするために周囲のことも視野に入れて考えることである。人は一人では生きていけないし、周囲の環境は自分に影響を与えてくれるものと自覚するべきである。自己を失うと相手を辛くし、自分を孤立させ、相互の関係を悪化させる要因を秘めている。自らが変わり、相手の幸せを願いながら生きていくことが、現状では重要な意味を持っている。

# 第3章のまとめ

① 他者と建設的かつ相互支援的な関係を築く力が、ホスピタリティ・コミュニケーションである。

② コミュニケーション手段としてのスキル、テクニックではなく、相手に何を伝えたいかというコンテンツを構築することが重要である。

③ ホスピタリティ・コミュニケーションは、相手に対して親しみやすさを発信することによって相手の対応に変化が現れる。

④ 相手の事実情報を把握し、そこから価値情報を読み込むことにより、深く相手の言葉の真意をつかむことができる。

⑤ 相手の行動や表情を察することにより、相手が置かれている状況や想いを受け止め感じてあげることがホスピタリティ・コミュニケーションとして求められている。

⑥ 相手の立場で考え行動することがホスピタリティの前提条件であり、お互いが Win-Win の関係を達成するためには平等性の思考が不可欠である。

⑦ 共感性の発揮とは、あなたが私のことを理解者だと認識してもらうための働きかけである。

⑧ ホスピタリティ・コミュニケーションとは、伝えるコミュニケーションから聞くコミュニケーションへの転換である。

⑨ 相手が気分を害すことを伝えなくてはいけない場合は、私メッセージを使い自分の感情を正確に伝えることが重要である。

⑩ ホスピタリティにおいては自己中心的という考え方は肯定される。

# 第4章

# ホスピタリティ・マネジメント
~ホスピタリティを職場のマネジメントに活かす~

　ホスピタリティは、深い人間観察に基づく自己革新のための実践的な方法論を発展・構造化したものである。近年、ホスピタリティ経営学、ホスピタリティ会計学など、ホスピタリティ思想をベースにした学問領域が拡大しつつあり、その思想の深さ・広さは職場マネジメントにも有用な知見をもたらすと考えられる。
　また、お互いの立場の違いを受け入れ、共生することを志向するホスピタリティの考え方は、「利他主義的行動」を是とする考え方であり、短期的な視野に基づく「利己主義的行動」を是とする金融資本主義が崩壊した現在にこそ、新たに求められるマネジメントコンセプトだと考えられる。
　しかし、様々な組織が抱えるマネジメント上の諸問題を解決しうる方法論や具体的なツールを俯瞰してみると、ホスピタリティという切り口から、人材の多様化が進む職場をマネジメントする新たな方法論および具体的なプログラムが存在しないのが現状である。この章では、職場マネジメントにおけるホスピタリティ的な側面でのソリューションを提案する。

# 1. 職場で発生している諸問題

## ●●● ①職場マネジメントの実態

　様々な雇用形態、勤務形態、性別、人種が働くダイバーシティ化した現代の職場では、お互いの立場の違いを受け入れ、共生する職場づくりが求められる。

　しかし、職場の構成人員の多様化などに伴う職場内の人間関係は悪化している。「不機嫌な職場」「ギスギスした職場」の発生である。これらは現代の職場が問題解決をはからなければならない最重要課題の一つであり、問題解決に向けた明確な方法論が必要とされる。

　ホスピタリティの概念は、異なる立場・境遇の者であっても、相手の存在を認め、相手を受け入れようとするものであり、このような考え方に基づく具体的な職場マネジメント手法が存在しないのが現状であり、あるとしたら論理性に欠ける精神論的なものが中心である。


　今の職場では組織人に、お互いの立場の違いを受け入れ、共生する職場づくりへの努力が求められる。これらを補完するのがホスピタリティであるが、現在の職場は、これらの問題に対して職場管理者にマネジメントスキルの向上、仕組みの強化で対応してきた。忘れられていたのがその根底にあるマインドである。

　管理者としてどのように感じるのか、何を思うのかが置き去りにされ、上辺のマネジメントテクニックの習得に力を入れてきたのが実態である。

　不機嫌な職場になっている原因は何なのか、それが自分ではないのか、と問いただすことも必要である。

　ホスピタリティは自己革新であって、自らが変わらなければ相手も組織も変わらない。すべての原因と答えは自分の中にある。

　不機嫌な職場の責任者である管理者に対して、「今、自分はどうして管

理職という立場にいられるのか」と問うと、多くの場合は「自分の実力」「成果を上げてきた結果」という答えが返ってくる。本当にそうだろうか。

自分一人の力だけではなく、後輩や同僚、上司、他部門などの支援もあったはずであり、今の部下が支えてくれているはずである。人は一人では生きては行けないのである。

これらのメンバーに今、どのように対応しているだろうか。「感謝」「やさしさ」「自分との平等性」を意識しているだろうか。この意識が存在しないと職場は不活性化してくる。

## ②時代のトレンド

1970年代の高度経済成長期においては、科学的なマネジメントよりも情動的なマネジメントが主流であった。経済が右肩上がりに推移している時代だったので、昨年対比100％以上の成果はほぼ確実であった。

そのため、思考は仕事の成果よりも職場固めへ向いていた。全社あげての慰安旅行、運動会、労働組合主催のレクリエーションなどの行事、勤務時間終了後の飲み会など、情動的なマネジメントが主流を占めていた。

職場内でのマネジメントは親分肌の管理者が部下の面倒をみて、休みの日は自宅に呼んで振る舞いをしたり、プライベートの相談事や仲人役にも一役買っていた。一見強引と思われる指示・命令であっても情動的な伏線があったために部下は違和感なく受け入れ、課や部が一致団結して動いていた。部下は、残業、休日出勤に対しても違和感がなく自己効力感を認識しながら、内発的動機づけによって働いていた。

その要因となるものは、管理者は部下を家族のように思い親身に接し、厳しい中でも優しさがあり、苦しい中でも幸せを見出し、お互いが関係性を共有していた時代であった。

外部との商談においても提案内容そのものより接待、盆暮れの付け届けという情動的側面と、足しげく通うことや頻繁に顔出しをするといった行動的側面が主流であり、人柄が信頼関係の一助となっていた時代である。

人として共感性が発揮できるにふさわしい人格と行動力を持った者が管理者として登用されていたのである。または、そのような力がなくても人の上に立ったらそうせざるを得ない状況が存在していた。

しかし、現代になると働く人々のライフスタイル、価値観の変化により、全社、職場ごとの催事は機能しなくなり、管理者としての強引な発言や行為はパワハラとなり、プライベートへの介入はセクハラとなる。外部に対する情動的側面における過度な接待はコンプライアンスにかかわる。そして、大量生産大量消費の結果、市場が飽和状態となり景気が衰退し、人よりも仕事中心で管理していかないと成果が上がらない時代となったのである。

本来の人間性よりも短期的な（単年度における）成果創出力、課題達成力、問題解決力、などに目が向き、人中心よりも仕事中心のマネジメントを遂行できる人間を管理者として登用する時代となった。そして、成果は出ているがモチベーションが上がらないギスギスした不機嫌な職場となっている。

## ③職場におけるメンタルヘルスの現状

(1) 労働者の状況など

労働者健康状況調査報告（平成19年）によると、「仕事や職業生活に関して強い不安、悩み、ストレスがある」とする労働者の割合は約58％にも上り、また、「過去1年間にメンタルヘルス上の理由により連続1か月以上休業または退職した労働者がいる」とする事業場の割合は約8％となっている。

さらに、警察庁統計（平成21年）によると、我が国全体の自殺者は、平成10年以降12年連続して3万人を超えているが、このうち、「被雇用者・勤め人」は約9,000人（約28％）に上っており、また「勤務問題」が原因・動機の一つとなっている者は約2,500人となっている。

また、自殺対策支援センターライフリンク（特定非営利活動法人）が公

表している「自殺実態白書2008」によると、自殺の危機経路は被雇用者について、以下のような経路が主な出発点となっている。
　① 配置転換→過労＋職場の人間関係→うつ病→自殺
　② 昇進→過労→仕事の失敗→職場の人間関係→自殺
　③ 職場のいじめ→うつ病→自殺

　こうした状況の中で、精神障がいなどによる労災請求件数は、平成17年度656件から平成21年度1,136件、労災支給決定件数は平成17年度127件から平成21年度の234件へと増加している（平成22年　厚生労働省労働基準局「職場におけるメンタルヘルス対策検討会報告書」）。

　この要因としては、厳しい経済情勢や職場環境の変化などが影響を与えていることが考えられる。このほか、職場マネジメントにおける心理的負荷が原因でメンタルヘルス不調に至り自殺したなどとして、企業に高額な賠償が命じられた民事裁判の例もある。まさに職場を管理する管理者の一挙手一投足が、職場メンバーに大きな影響を与えているのである。

　1980年代までの情動的マネジメントにおいて、うつ病を発症したり、自殺をする社員はこれほど多くはなかったはずである。

　本田宗一郎は「社長なんて偉くもなんともない。部長、課長、包丁、盲腸と同じだ。要するに命令系統をはっきりさせる記号にすぎない」と言っていたが、まさに役職は指示・命令系統の構築のための呼称にすぎないのである。

　しかし、今は偉さと権限をあらわしたものだと誤解をしている管理者が多くなった。その一因は成果を上げたものが偉い人間であって、その人間が多くの権限を持つことができ組織の勝者である、他のメンバーとは一線を画す特権階級であるとする意識である。

　産業能率大学の創設者である上野陽一は、「偉い人とは自分に課せられた課題を達成し、それ以外に何かができる人だ」と言っている。仕事を確実にこなしたうえで、休日はボランティア活動をしたり、夜は社会人大学院へ通って勉強をする、そのような人を世間では「あの人は偉い人だね」と評価するのである。決して、成果や権限、肩書だけではないはずだが、

時代性がそう錯覚をさせているのである。

　現代では人間性と役職のバランスを欠く管理者が増えている、いわばホスピタリティ精神が欠如している管理者が増加し、職場を荒らしていることになる。

　人のライフスタイル、価値観の変化を受け入れる、という思考を持つことで職場に対してホスピタリティ精神が貢献できる。パワハラ、セクハラは一般的にいわれているように、相手がどう受け取るかがその成立の可否となるものであるから、相互受容、相互信頼、相互扶助がポイントとなる。コンプライアンスに関しては詳細を後述するが、ホスピタリティによってソリューションが可能である。

　このように過去の管理者は、ホスピタリティ精神を意識せずに発揮していたものと推測される。現代の管理者においても、ホスピタリティ精神と仕事の管理がバランスよく発揮できれば快適な職場環境となり、成果もおのずと創出されるのである。

## ④ SSM の重要性

　現状の管理者は図表4－1のように、HSM（Hard Systems Methodology）といわれる客観的に評価できる項目により評価され、管理者として登用されているのが実態である。

　HSM は管理者として必要とされる顕在化したマネジメント能力であり、定量化して第一次考課者も第二次考課者も客観的に判断できる評価基準である。

　その一方で、評価が困難な SSM（Soft Systems Methodology）は、なおざりにされているのが実態である。管理者として必要とされてはいるが潜在化した定性的な能力であり、判断しにくい主観的な評価基準である。人として人に対する気持ち、平等性、優しさ、感謝の心、慈しみの心を持っているかなどの、人間らしさの核となる要件であるにもかかわらず評価の対象にならず、この要件が欠如している管理者が存在することが職場の

### 図表 4-1 SSMとHSM

**人として管理者に求められるもの**
（評価軸にのらないもの）
人として、人に対する気持ち
- 平等性
- やさしさ
- 思いやり
- 感謝の気持ち

**SSM**
Soft Systems Methodology

自分の今後のマネジメントの軸となる

**一般的なマネジメント力評価軸**
- 目標達成力
- 課題形成力
- 問題解決能力
- 論理性
- 職場運営適正力　etc

**HSM**
Hard Systems Methodology

- 意思決定の軸
- 思考の軸
- 人の立場を察する軸
- 決断の軸

---

問題へと広がっていく。

　いわゆる、その人に科学的なスキルとしての目標達成力、問題解決能力、論理性などがあれば管理者として適正であって、哲学的な優しさや真心、感謝の気持ちを持っているかなどのマインド的なものは評価しにくいので見ないという状況が発生している。「人として求められるもの」の特性を持つ管理者が少なくなっているのが実情である。

　高度経済成長期以前の日本の産業界は中小企業が80％を占め、規模の小ささから社長は従業員の顔と名前が一致することができた。一般的に社員数が400人を超えたあたりから、経営者は従業員の顔がわからなくなるといわれている。経営者は従業員の日頃の行いをつぶさに観察し、従業員の人間性を把握することによりSSMの領域を暗黙知として評価することができ、それなりの人徳を持った管理者が排出されたのである。

　しかし、近代は組織が巨大化し経営者が従業員に目が行き届かなくなると、人事考課という仕組みに頼らざるを得なくなる。一次考課者と二次考課者といった構造を作ることにより、評価項目の客観性と平準化が求められるのである。

　仮に対象者のSSMを暗黙知的に確認できたとしても、巨大化した組織

では上層部に対して人事考課結果として、納得できる根拠を上げて説得をすることが求められるが、SSMに関してはその特性上困難を極める。

対象者のSSMのレベルは高いがHSMに欠ける項目があった場合は、仕組みとして昇進は不可能である。

当然、逆のケースも存在し、SSMのレベルは極度に低いがHSMの項目さえ完全にクリアしていれば高い評価を受け、無条件に管理者として登用されるのである。危険なのは後者であり、これが職場を不機嫌にしている元ともいえる。

## ●●● ⑤ 262の原則の扱い方

職場には優秀なメンバーが上位20％、普通のメンバーが60％、劣性なメンバーが下位20％という「262の原則」がある。

HSMの評価項目によって登用された管理者は、HSMのマネジメントスキル・テクニックに基づいてマネジメントを行う。職場の目標を達成するためには上位20％と普通60％のメンバーを効率的に使い、足手まといとなる下位20％のメンバーは切り捨てる、異動を考えるという手段を講じる。それが単年度評価で目標達成するための有効な手段であって効率的でもある。

しかし、下位20％のメンバーも職場の仲間であり、血が流れ、感情を持つ人間である。このメンバーも受け入れて育てるという考え方がSSMでは必要となる。

中長期的な視野で成果創出を検討することも必要であるが、この考え方は単年度評価には結びつかない。中長期的な成果などを考えている余裕が自分にはないことが原因である。

これらが、SSMの項目が欠落しているにもかかわらず管理者に登用してしまった結果、発生する問題である。

いわゆる、理想的な管理者とは、ソフト面とハード面両者をバランスよく持つ人のことをいう。部下を成果達成のための道具のように扱ったり、

人の感情や思いを感じずに目標達成だけを追求する管理者は、職場を荒らし、風土を悪くしているのが実際である。たとえば、フランチャイズ店舗のオーナーは、志をもって出店したはずである。しかし、本部からの売上管理が厳しくなると予算達成が最優先課題となり、志がどこかへ忘れ去られてしまうのである。

極論に捉えているように思われるかもしれないが、成果主義、業績評価を掲げている組織では、この行為がなければ決して成果は出ない。風土を良くすることをおきざりにして、成果創出が最終ゴールであるのが実際である。風土を良くするには時間がかかり、その結果については遅延的に創出されるので、管理者が任期中に成果を出すことはなかなか難しい。下位の20％を育成するのにも長期間かかる。経営の目標は風土の醸成、コミュニケーション向上ではなく利潤の追求である。ならば、答えは簡単である。成果を出さない部下は切る、部下が理解・納得しない仕事でも強制的にやらせて成果を求めるという手段を講じる。結局は、数字が人格をあらわすこととなる。

## ⑥人間力強化の必要性

人として人への気持ち、平等性、やさしさ、感謝の意識を持つというSSMはホスピタリティ領域であり、ホスピタリティ精神がない管理者の職場は当然、不機嫌な職場となる。

最近になって、多くの企業がこの問題に気づきだし、対応策を模索している。

経営理念を実現するために、これまで暗黙知に伝承されてきた経営哲学、価値観、実務遂行上の手法を明文化した「○○ウェイ」「○○グループ企業行動憲章」を作成し共有化している。

「人間性尊重」「仕事そのものへの取り組み」の2つを柱に、その中に「人間力」「多元性の尊重」「人間らしさの涵養」という項目を採用し、SSM強化に乗りだしている。

しかし、「人間性尊重」を掲げることはたやすいが、従業員に理解させ個々人に実行させるための手段がないのが実情である。

著名人の生きざまの講演会を聞くだけに終始したり、歴史上の人物からそれらしき要素を取り出し、参考にしなさいとばかりに押し付けるなどの作業で終始している場合が多い。

自己の内省を深め、自分自身が気づき、行動の変容に至るまでの手段には達していないのが現状である。

この手段となりえるのがホスピタリティであり、ホスピタリティ精神を浸透させることが有効な手段となる。ホスピタリティは、職場マネジメントに対しても有効なソリューションとなりうるのである。

## 2. 職場マネジメントにおける問題点へのホスピタリティ的アプローチ

### ①管理行動の実態

ドラッカー（Peter Ferdinand Drucker）は、マネジャーとは「オーケストラの指揮者に似ている」という例えを使った。「一つひとつの楽器の音だけでは意味のなさないものも、指揮者の努力とビジョンとリーダーシップを通して、一つのまとまった音楽になる」という。

一方、カールソン（Curtis R. Carlson）は、「むしろマリオネットだ」といった。「マネジャーが操り糸を引き、大勢のマリオネットを動かそうとする行為を実践する」ことである。

しかし、実際の現場で多くのマネジャーが実感するのは、セイルズ（Leonard R.Sayles）がいう以下の例えである。

「マネジャーはたしかに指揮者に似ている。団員の演奏や行動を調整し、調和のとれた音楽を生み出そうと努めなければならない。しかし個々の団員はレベルが違い、性格も多様である。メンバーは、勝手なことをいう、ときに喧嘩を始めたりする。舞台係からは、どこに楽譜台を置けばいいの

かを尋ねられ、ホールが暑い寒いので空調にも気を配らなければいけない。スポンサーは急遽、曲目を変えてくれと理不尽な要求をしてくる。ここでいう指揮者というのは本番の勇壮な姿ではなく、あらゆる不都合が立て続けに立ち上がり、そのたびに迅速な修正をしなければならないリハーサルの姿だ」という。

現在の管理者の多くは、セイルズがいう状態で仕事をしているといえる。

ハーバード大学のマイケル・ポーターと並び称される経営理論の第一人者であるヘンリー・ミンツバーグ（Mintzberg, H.）は、実際に29人のマネジャーの日々を観察した結果からまとめた著書『マネジャーの実像』で、こう述べている。

「現場のマネジャーは常に時間に追われ、関連性のない仕事を細切れに行い、頻繁に中断を入れながら自分で作業を実行している」というのが現実である。

マネジャーの1日は、たとえば、

| 出社 → 退社 | メールをチェックする<br>現場トラブルの報告を受ける<br>稟議書の作成<br>採用の面接<br>上司からの呼び出し<br>部下への仕事の指示<br>Ａプロジェクト会議<br>メールをチェックする<br>他部門へネゴシエーション<br>案件について部下が相談に来る<br>Ｂプロジェクト会議<br>メールチェック |
|---|---|

このように、1つのことに集中することなく過ぎていく。

ミンツバーグはここで、マネジャーの性質を提示している。

「マネジャーは経済学でいう"機会損失"を恐れていて、一つの仕事に専念することで最新の情報や望む結果を逃してしまうのを恐れている。その時どんな仕事をしていても、他にやるべき仕事があるのではないか、と不安になっている」。

そして、そういう不安に対応するために、
- 沢山の仕事を抱える
- いきなり何かを始める
- 自分が意義があるとする仕事のみ扱う
- １つの問題に時間をかけ過ぎない

といった行動パターンを身につけていく。

さらにこのことから、「様々な業務の表層的な部分を上手に撫でられるようになる」のが、マネジャーとして成功するポイントになると結論づけている。

さらにミンツバーグは、理想のマネジャーのあり方として、「カリスマでも戦略家でもなく、次々にふりかかる忌々しい問題とエンドレスに付き合えるタフな実務家」ともいっている。自ら動き回る行動志向の有無は、理想のマネジャーとしての素質にかかわるのである。

そして、多くのマネジャーが「面倒なことをやらされている」「やっても無駄」という閉塞感にさいなまれ、疲労していると述べ、この状態において「前向きに仕事をやれ」といっても無理だとしている。

この状態を嘆くのではなく、「自分」で「主体的」な取り組みにより仕事を突破していこうとすることを「内省」と位置づけている。チーム、および自己の内面から答えを探していこうというアプローチは、「気づき」を得るうえで非常に有効であり、この手法はホスピタリティの自己革新に共通するアプローチである。

このように管理者は様々なジレンマを抱え、いつも時間に追われている状態である。

目の前の仕事を片付けなくてはならないという強烈なプレッシャーの中で、職場構想や仕事の見通しづけを検討し、ものごとの理解を深めること

が課題となる。

そして、究極のジレンマは、管理者はどのようにして、数々のジレンマに同時に対処すればよいのかというものである。

重要なのは、適切なバランスをとることであり、ジレンマと向き合い、それを受け入れ、相互を発展する方向に変革していくことである。

自己の内省として「自分を振り返る」「人間関係を振り返る」「行動を振り返る」「事業環境を振り返る」ことを為し、対象となるものに対して想いを持つことが重要となる。

新人マネジャーになると、得た権限により業務の決定を下して部下に命令を下すという行為に走る傾向がある。

しかしすぐに、権限が与えてくれる力はごく限られたことに気づく。権限があれば成果が出せるということは、決してありない。マネジメントは科学でもなければ専門技術でもない。マネジメントは実践の行為であり、主として経験におけるマインド醸成を通じて習得されるものである。

管理とは、ものごとを成し遂げるために、これまで以上に他の人に依存することであり、相互信頼と相互扶助が中心となる。

## ②心の悪い癖が職場を荒らす

これまで、管理者登用における仕組みの問題点と管理の実態を述べてきたが、すでにこの仕組みによって管理者は排出されマネジメントを展開している。

現状に目を向けたとき、課題を抱えている管理者をどのようにソリューションすればよいのだろうか。

管理者のみならず人は誰でも人間らしさを持ち発揮することは可能なはずである。

では、このような問題事象はなぜ発生してしまうのか。

実は、こうした問題事象は、職場の管理者の持つ「心の癖」が原因となって発生する。

ホスピタリティの原則は、平等性・性善説である。人間は誰しもSSM的な側面である「やさしさ」などを持っている。そしてすべての人が人間らしさを持ち、人を傷つけたり、悪意のある行動はしないはずである。人としての安寧を求めている。

　しかし、それらが発揮できない原因は、その人が持つ「心の癖」にある。心の癖とは身心を乱し悩ませ知恵を妨げる心の働きで、本来の人間らしさを発揮しようとしたときにそれを阻害し、間違った行動へ走らせ問題行動を引き起こす。

　この心の癖には、大きく6つの種類がある。

**図表 4-2** 様々な問題行動を引き起こす原因となる6つの心の癖

| 心の癖 | 内容 | 心の癖 | 内容 |
|---|---|---|---|
| むさぼる心 | ● みさかいなく何かを欲する<br>● ものごとに固執する<br>● 必要以上に自分のことを自慢しようとする | 自惚れる心 | ● 他人と比較しておごり高ぶろうとする<br>● 他人のことを馬鹿にする<br>● 他人よりも自分が優れていると思う |
| 怒る心 | ● 他人の失敗を烈火のごとく怒る<br>● 他人を恨む<br>● 他人を傷つけようとする | 疑う心 | ● 人によって言うことを変える<br>● きれいごとを言う<br>● 虚偽の報告をする |
| 迷う心 | ● やってはいけないこととやってよいことの区別がつかなくなる<br>● 隠し立てをしようとする<br>● さぼったり、怠けようとする | 執着する心 | ● 過去の成功体験を部下に押し付ける<br>● 後ろ向きな発想に終始する<br>● 他人の言動を鵜呑みにする |

　この6つの心の癖は、たとえば次のような状況になると謙虚に現れる。
1）役員や上司に対して、良くない情報の"ホウレンソウ"を行うとき（迷う心）
2）上司やトップから、同期入社のAさんについての風評を求められたとき（自惚れる心）

3）成果は出すものの態度が悪い部下と面談するとき（疑う心）
4）クレームを起こし処理にあたるとき（疑う心）
5）今期実績が目標未達成の原因と対策についての報告を求められるとき（執着する心）
6）将来に期待していたＡさんが、突然退職を申し出たとき（怒る心）
7）部下からの不平不満や仕事の進め方について問題提起をされたとき（自惚れる心）
8）他部署が原因で仕事が上手くいかず、上司から問い正されるとき（むさぼる心）

これらによって、職場の人的関係が悪くなっていくのである。
そして、心の癖には次の２つの種類がある。

- 悪い心の癖【我欲】——「課長になれたからには、次は部長を狙う。そのためには先輩の課長を蹴落とさなければ」といった間違った行動へ走らせるもの。
- 良い心の癖【自欲】——「やっと課長になれたのだから職場をうまくまとめて皆で高い成果を出していこう！」といったモチベーションにつながるもの。

後者はモチベーションであり、「悪い心の癖」をソリューションするために大きな役割を果たすものであり、「良い心の癖」を確実に自覚することが必要となる。

## ③「悪い心の癖」のソリューション

「悪い心の癖」をソリューションするためには、自分がとりがちな行動を棚卸しして、それが６つの癖のどれに属するかを確認することによって、自分が持つ「心の癖」を自覚することある。いわゆる自己を認識することが必要である。

職場を良くしていくためには、管理者自身が変容することであり、部下

が悪い、組織が悪いと他責にしていたのでは、何も解決はしない。

自責でものごとを考え自己の認知変容と行動変容を促し、自己革新することがマネジメントを革新するための方策である。

そして、このような「心の癖」とうまく付き合うためには、「悪い癖」を除外しようとする発想は現実的ではない。なぜならそれは、簡単に排除できるものではないからであり、多かれ少なかれ誰でもが持っているものであって、すべてをなくすことはできないからである。

では、どのようにして「悪い心の癖」をソリューションしていけばよいのだろうか。

それはホスピタリティの考え方に基づき、すべてを受け入れようとすることである。悪い心の癖を「雑草」にたとえ、良い心の癖を「種」にたとえて説明するとわかりやすい。

〔A〕「悪い心の癖」は雑草のようなもので、雑草が邪魔をして「良い心の癖」が芽を出したくても出せない。では雑草を刈ればいいかというと、刈ってもまたすぐに生えてくるのである。「悪い心の癖」は完全に取り去ることは不可能である。

〔B〕手順としては「良い心の癖」を見つけ出し、それを伸ばしていくためのモチベーションを高める。

戦略論でいう、弱みをカバーするためには強みを伸ばすという発想である。この作業をすることにより、「良い心の癖」は芽を出す。

〔C〕芽が出て大樹に成長すると枝下は日が当たらなくなり雑草（悪い心の癖）は枯れる。枯れた雑草は土に戻り、それが自分自身の肥料に変わる。

「良い心の癖」が成長すると「悪い心の癖」が自分自身を助ける力に変わり、さらに成長を続けるということである。したがって、すべてを受容することが重要となる。「悪い心の癖」は自分にとっては敵であるが、それをあえて受け入れ、味方にするというホスピタリティ精神の原則がここにある。

　これにより自己革新をし、相手と職場を変えていくマネジメントが成立する。「渋が多い柿ほど甘い干し柿になる」という諺があり、拘置所でも「自分が犯した罪を振り返ることにより、辛さ、悲しみを感じ、罪はこの感情を通して人への思いやりに変わる」といわれている。「悪い心の癖」を多く持つ人ほど、自己革新により素晴らしい人に成長できる可能性を秘めているということもできるのである。

　ホスピタリティでは、「悪い心の癖」でも役割を持って存在する、そして世の中すべてのものは役割を持って存在する、存在意義のないものはないとして考える。

　他者が表出している「悪い心の癖」を見て自分がどう感じるか。「人のふり見て我がふり直せ」という諺があるように、自分を内省するきっかけをつくってくれる。この世に不必要なものは存在しない、すべてが関係性を持って存在しているのである。

　だから、排除をするのではなく受け入れる。これがホスピタリティ的なソリューションの原則である。

## 3. ホスピタリティにおける意思決定能力

### ●●● ①正しい意思決定は接触から経験則へ

　さらに、ホスピタリティでのSSMは、マネジメント上の意思決定の基準にもなりえる。職場の管理者として自分の価値基準を確実に持つことが、間違いのない方向へ職場やメンバーを導いていくための方策である。

人はプライベートであっても仕事であっても、意思決定の連続であるといえる。

　意思決定は自分の過去の経験則に照らし合わせてYesとNoを判断する。正しい意思決定は正しい経験則から導き出されるのである。

　そして、正しい経験則とは、正しい接触から始まるものである。「視覚」「触覚」「嗅覚」「味覚」「聴覚」という五感の接触経験から始まり、時間の経過とともに「具体的行為の経験」に変化する（純粋経験）。

　今は単に「本を読んでいる」という視覚による接触経験であり、10分、1時間、1か月経過することで、「私はホスピタリティの本を読んだ。それにより、おもてなし、思いやりだけがホスピタリティではないということを理解した」という純粋経験となり、読んだ本の経験則によって自分の企業、組織にホスピタリティを適用できるか、できないかという意思決定を行うのである。

　今は「見える」「聞こえる」など、今ここにいるだけの感覚的な体験だけであり、2秒前は「私が」を認知できない。経過時間が長くなると「私が」という主体が認知でき純粋経験と変化するのである。

　経験は接触から始まり、接触なしでは経験は存在しない。

　だから、職場の管理者として正しい意思決定をするうえにおいて、正しい接触は不可欠となる。

　具体的には、日常的に、おいしいものを食べたらおいしいと思う気持ち、美しいものを見たら美しいと思う素直な気持ちを持つことである。単純なことであるが、これが重要な要素となる。

　仏教では、釈尊が最初の説法において説いたとされる八正道（正確には八聖道）という考えがある。正見、正思惟、正語、正業、正命、正精進、正念、正定である。

　正しい調和のとれた考え方や見方・行動をとることの重要性を説いているが、これらは昔から正しい接触の重要性をあらわした考え方である。

　高松の骨付き鳥料理専門店で食事中に皆が「このおやどりとひなどり、おいしいね」と言っているにも関わらず、一人が「こんな焼鳥みたいなも

の私が家で作ったほうがもっとおいしいよ」という発言が出ると、この人は正しい素直な接触をしていないということになる。これを積み重ねていくと、意思決定も間違った方向に進む。ホスピタリティ精神の「相手を受け入れる」ということを起点とし、どんなことも素直に、そして無条件に受け入れることがポイントとなる。そして、接触をした年代、または接触の生活慣習によっても差が出る場合がある。

　京都のお寺の庭園に立ち、雨上がりに石灯篭の上に濡れた楓が一枚落ちている。日本人の高年齢層の方々は、これを見た瞬間に「わび寂び」を感じるであろう。若年層の方は何も感じないかもしれない。欧米人は汚いと思うかもしれない。

　逆に、掃き纏められた枯葉の山を見て、欧米人は「きちんと清掃されている」と思うだろう。日本人は「汚い」と感じる。

　このように最終的に出される意思決定は日ごろの接触の在り方と、それに基づいた経験則によって差が出てくるものである。

　職場のマネジメントにおいては、過去の間違った経験に依存しないためにも、部下の今に正しく接触していくことが求められる。

　部下の想い、辛さ、苦しみ、喜びに気づくために、いつも心を配ってあげることを「心配する」という。仕事の忙しさにまぎれて部下を無視しないことである。言葉を換えると、心を込めて正しく生きること。今更ながらコミュニケーションの重要性が見直されるのである。

# 4. ホスピタリティにおける感謝と支えあい

### ●●●　①感謝の本来の意味

　さらに、マネジメントをより効果的に展開していくためには、今の自分の管理者としての立場を築くために支えてきてくれた人たちを回顧することが必要となる。「自分になされたことを知る」ことが恩を知ることであり、

感謝につながる。人は一人では生きていけないということを感じることがホスピタリティでは必要となる。

マネジャーとしての自分は、自分一人の力だけでなれたのではなく、後輩や部下、同僚、上司、他部門などの支援があったはずである。これらのメンバーに今後どのように対応していくのかを検討し行動することにより、マネジメントの質が決まる。

感謝をするということは特別なことではなく、その存在がありがたいと思うことである。また、それがあるお蔭で自分が助けられていると感じることでもある。

個人名刺やブログなどの最後に、「感謝」と一文字を記載する人が増えている。体裁はいいが、乱発しているだけで心からの感謝の言葉になっていない。誰に対して何を感謝し、どう感じているのかが不明確なまま、感謝の言葉の響きだけを快楽的に使用していることにすぎないのである。

感謝の気持ちは主語と述語があって成立する。「私たちが幸せに健康で生かされていることに対して先祖と社会に感謝します」というように。

部下に対してもこの論法を使わない限り、本来の心は通じない。

**図表 4-3** 感謝の対象

| 〔家族と自己の関係〕 | 〔企業と自己の関係〕 |
|---|---|
| 自分を生み、育ててくれた両親への恩。家族への恩 | 組織の理解と協力への恩 |
| 〔社会と自己の関係〕 | 〔精神と自己の関係〕 |
| 関連する人達への恩 | 世間を離れた精神世界への恩 |

感謝の内容と対象を明確にするためには、簡単な自分史を思い描くだけでも構わない。その節々に誰からどんな支えがあったのかを思い出す。幼少期は両親や兄弟であったかもしれない、青年期においては親友や学校の恩師、成人期では会社という組織やステークホルダーである。また生涯を通して省みると、現実を離れた世界での先祖や信仰である場合も存在し、受験や病気、厄災除けなど、この領域は確実に存在する。（図表4－3）

これらの対象からどのような支えがあり、自分がどのような恩を感じたのかを明確にすることが、感謝の念を持つマインド醸成の基本となる。

## ②「支え」と「支える」側の支え

どんな状況にあっても自分を支えてくれた人が存在するはずである。重要なことは、「支えている人にも支えが必要である」ということである。援助論では「援助職援助」といい、自分を援助している援助職に対する援助である。

困難な状況にあって自分を「支え」てくれた人も、それなりの困難や辛さがあったはずである。では、「自分を支えてくれた人」の「支え」は何なのか。

それはあなた自身である。支えたことによってあなたが優秀な人間として成長し、組織で認められ、管理者になれば支えていた人々は「支えていてよかった」という気持ちになり、それが支えていた人のあなたへの感謝の念につながる。支えられた自分も支えてくれた相手に感謝する。これがホスピタリティの相互扶助の考え方である。

両者が感謝を認識することがお互いの慈しみとなり、お互いの品格へとスパイラルに向上していくのである。

ホスピタリティでは、世の中のものすべてが役割を持って存在すると考える。この世に不必要なものは存在せず、すべてが相関関係を持って存在している。役に立たないものは社会の構造原理では発生するはずはないのである。

そして、誰でも相手を支えるだけで相手に対して役に立つ存在となりえる。

トナカイは、街中でいじめにあっていた。理由は、鼻が赤いだけで笑いものになっていたのである。そのときにトナカイの支えになったのが、サンタクロースである。サンタクロースは、「お前のその赤い鼻が暗い夜道では役に立つのだ」と役立ちを強調した。トナカイはそれを聞き、「今宵こそはと喜んだ」。トナカイは自分を支えてくれたサンタクロースを支えるためにそりを引くのである。「役立ち」と「支えあい」と「感謝」の関係が、このドラマには成立している。

このように「感謝」「支え」「役立ち」は、部下への動機づけに応用ができ、リーダーシップとメンバーシップを円滑に進めるための手段としても活用が可能である。

## ③援助論の必要性

ジネディーヌ・ジダン（フランス国籍の元サッカー選手）は、2006年7月9日にベルリン・オリンピアシュタディオンで行われた「2006 FIFAワールドカップ」のイタリア代表対フランス代表の決勝戦において、イタリア代表のマルコ・マテラッツィへの頭突きにより退場になった。

ジダンは頭突きをして相手を傷つけてもよいと思ったのか。答えはNOである。自分の家族のことをマテラッツィに侮辱され、苦しみがあり、一人で悩んでいた。

暴力をふるってもいいということではなく、苦しみにより人を傷つけたくなることが誰にでもある。傷つけるとは具体的に、暴力、罵声、心無い言葉、嫌味、押しつけなども含む。職場内いじめ、セクハラ、パワハラは同様に相手を傷つける行為といってもよい。

なぜ、ジダンが人を傷つけたのかを考えるよりも、自らが相手を傷つけないことを考えることのほうが現実的である。

そのためには幸せになることが必要である。幸せで穏やかな日常を過ご

すことにより、相手を傷つけることは発想として浮かばない。

　ほんとうの幸せとは私が幸せになるのではなく、「私がいることで相手が喜んでくれる存在」になることである。苦しんでいる人は、自分のことをわかってくれる人がいるとうれしいものである。

　人がなぜ穏やかになれるかというと「支えがあるから」である。人は自分を理解してくれる人がいるとうれしい。

　しかし、よいアドバイスを言うだけでは支えにはならない。相手の思いに気づいてあげる、相手からの支えについて気づいてあげることであり、どのような私なら相手の支えを強めることができるのかを考えることである。

　そのためには、ホスピタリティ精神の平等な立場、自分の肯定、相手の肯定をベースにして、相手のことを心配する（無視しない）、気づいてあげる、観察する、思慮することが必要となる。

　職場における援助論は、ホスピタリティ精神を発揮することにより快適な職場を形成し、職場内いじめ、セクハラ、パワハラなども排除できる可能性を秘めている。

　HSMとしての科学的マネジメント手法も必要だが、SSMであるマインドにスポットを当てたマネジメント手法を充実することが、今後の職場マネジメントの独自化を目指すための方策となる。


　ホスピタリティ・マネジメントを職場のマネジメント全体の「現状」「課題」「ホスピタリティ・ソリューション」と関連づけてまとめると次頁の図表4－4のようになる。

　ホスピタリティを職場マネジメントに活かすことにより、管理者を中心としたホスピタリティ文化ができあがる。これを部門ごとに構築することにより、ホスピタリティ文化を持つ企業が成立する。

　ホスピタリティ文化が企業の慎みと品格をあらわし、コンプライアンスもCSRも自然に達成できるのである。

### 図表 4-4 ホスピタリティ・マネジメントの鳥瞰図

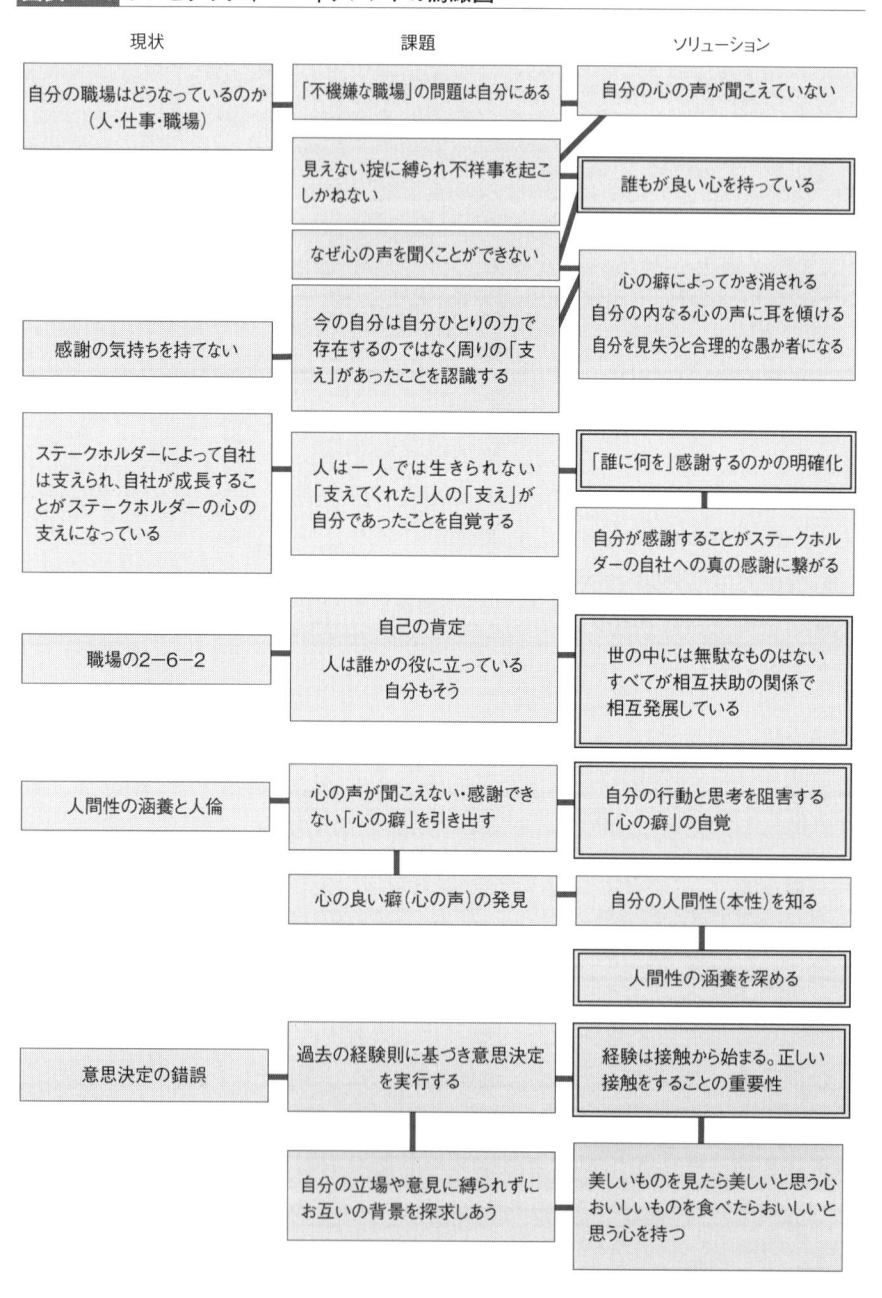

| 現状 | 課題 | ソリューション |
|---|---|---|
| 自分の職場はどうなっているのか（人・仕事・職場） | 「不機嫌な職場」の問題は自分にある | 自分の心の声が聞こえていない |
|  | 見えない掟に縛られ不祥事を起こしかねない | 誰もが良い心を持っている |
|  | なぜ心の声を聞くことができない | 心の癖によってかき消される |
| 感謝の気持ちを持てない | 今の自分は自分ひとりの力で存在するのではなく周りの「支え」があったことを認識する | 自分の内なる心の声に耳を傾ける／自分を見失うと合理的な愚か者になる |
| ステークホルダーによって自社は支えられ、自社が成長することがステークホルダーの心の支えになっている | 人は一人では生きられない「支えてくれた」人の「支え」が自分であったことを自覚する | 「誰に何を」感謝するのかの明確化／自分が感謝することがステークホルダーの自社への真の感謝に繋がる |
| 職場の2-6-2 | 自己の肯定　人は誰かの役に立っている　自分もそう | 世の中には無駄なものはない　すべてが相互扶助の関係で相互発展している |
| 人間性の涵養と人倫 | 心の声が聞こえない・感謝できない「心の癖」を引き出す | 自分の行動と思考を阻害する「心の癖」の自覚 |
|  | 心の良い癖（心の声）の発見 | 自分の人間性（本性）を知る |
|  |  | 人間性の涵養を深める |
| 意思決定の錯誤 | 過去の経験則に基づき意思決定を実行する | 経験は接触から始まる。正しい接触をすることの重要性 |
|  | 自分の立場や意見に縛られずにお互いの背景を探求しあう | 美しいものを見たら美しいと思う心　おいしいものを食べたらおいしいと思う心を持つ |

# 第4章のまとめ

① 管理者が行うマネジメント手法は、環境の変化によって変容を遂げる。

② 職場がギスギスし不機嫌な職場になっている要因は、職場のすべてに関与する管理者の問題行動である。

③ SSMの力が少ない管理者は、部下のことを考えずに業務の成果に注力する傾向がある。

④ 感謝と思いやりを持つことによって人としての問題解決行動を起こすことができるが、それが阻害されている要因は心の癖があるからである。

⑤ 心の癖は排除するのではなくそれを受け入れ、自分のこととしてすべてと向きあうことである。

⑥ すべての原因と答えは自分の中にある。すべてが自分のなす行為であることを認識する。

⑦ 自分が変わることによって部下が変わり職場も変わる。自己革新がキーワードとなる。

⑧ 部門のメンバーは自分の仲間であるという意識が必要であって、目標達成要員ではない。

⑨ 正しい行動を身につけることによって管理者として正しい意思決定ができる。

⑩ 今まで自分を支えてくれた人々に自分の思いを伝え感謝することによって、相手からも感謝の想いが戻ってくる。

# 第5章

# ホスピタリティ・コンプライアンス
〜ホスピタリティとコンプライアンスの関係〜

　ホスピタリティの領域は広く、企業の社会的責任にまで広がる。
　ホスピタリティは、社会人、組織人のあるべき姿を実現し、健全な職場環境を構築していくための心のあり方である。人間らしさを追求し、自分自身がどのように行動すべきかを考える方向性を示すものである。
　これを前提に活動することが本来のコンプライアンス確立の前提条件といえる。
　コンプライアンスは法令遵守だけではなく、裾野が広く、明文化されていないもの、口約束、土地の商慣習、暗黙の了解知などもお互いが守りあうことが本来のコンプライアンスである。また、そこに介在する実行者や指示・命令をする管理者、それを黙認する職場風土や業界などに対しても目を向ける必要性がある。ホスピタリティは、広大な領域を範疇とするコンプライアンスのソリューションとなる。
　社員の一人ひとりがホスピタリティ精神を持ち、組織をホスピタリティ文化にすることがコンプライアンスを円滑に進め、企業ブランドを高めるためのポイントとなるのである。

# 1. 企業倫理とホスピタリティの関係

## ●●● ①企業における不祥事発生の構図

　東日本大震災からのその後、多くの企業が多額の義援金を寄付し、社員をボランティアとして被災地に送る動きが出てきている一方で、原子力事故を起こした電力会社は、放射性物質の拡散や電力不足、電気料金の値上げによって社会に広く深刻な影響を及ぼしている。

　ホスピタリティ精神はホスピタリティをベースとして、社会人、組織人のあるべき姿を実現し、健全な職場環境を構築していくための心のあり方である。

　ホスピタリティは、人間そのものを真正面で捉え、「人間らしさ」ということはどういうことなのかを問うことでもある。

　しかし、最近はホスピタリティ精神の欠如により、企業の無責任な行動、不祥事の増加に伴って、企業の社会的責任の実現を求める動きが強まっている。

　たとえば、焼肉店の生レバー提供により死者を出した事件では、生肉提供は違法であったとしてもあくまでも商慣習として昔から普通に行われていたことであって罪の意識はない、とする事件発覚時の社長の姿勢。そして、生での調理情報は提供したがそれを提供するかどうかは店側の判断であり謝罪する必要はない、とした食肉卸業者側の姿勢。

　これが過去から業界ぐるみの慣習として実行されてきた原料肉による生肉提供であり、悪意は微塵も存在せずに違法行為を繰り返してきた結果である。

　そして、自店のお客様を死に至らせたことよりも保身と他責に言及する、これらはコンプライアンス以前の問題であり、人としての人倫を忘れていることに問題があるといえる。

　さらに、放射能の危険性よりも発電所の設備維持・再稼動だけに焦点を

絞った電力会社の初期対応とは逆に、重大な事故の拡大を防止するために本店、政府などの指示に従わず自己の判断で処理をし続けた発電所所長の姿勢。どちらが人としての正しい行動かという判断の基準は、あえてホスピタリティ理論を提示するまでもなく明らかである。

リクルート事件、ライブドア事件、オリンパス事件、船場吉兆による偽装事件と企業の不祥事が相次いで発生し、牛肉産地偽造事件を引き起こした雪印食品は、不祥事が原因で会社が消滅した。それ以外の企業も、不祥事により売上の大幅な落ち込みなど、経営に大きな悪影響を及ぼしている。

そこで、企業の不祥事が起こらないように、日頃から法令などを遵守してルールを守った活動を行うことを社員全員に徹底させるようになってきた。

このように、企業活動において、法令などのルールを守らせることを「コンプライアンス」という。

## ②コンプライアンスの考え方

コンプライアンスとは、Compliance と綴り、comply（法令などを守る、遵守する）の名詞形であり、日本語に訳すと「法令遵守」となる。

本来のコンプライアンスは、法令だけを遵守するのではなく裾野が広い。明文化されていない規則、口約束、土地の商慣習などを守り抜くことを本来の意味とする。

もとは医療で使われていた言葉で、ドクターの処方（口約束）を患者様がどこまで守るか、具体的にいうと1日3回食間に服用、アルコール禁止、絶対安静などに従える患者様が「コンプライアンスの高い患者様」、従えない患者様を「コンプライアンスの低い患者様」という言葉で使用してきた。コンプライアンスの高い患者様を多く獲得することにより医療機関の医療精度が向上するのである。

世間は不祥事をきっかけにして再度、企業の姿勢を問うとともに、その

対応を新しい企業の評価基準とする動きに関心が高まっている。

ここで、コンプライアンスを考えるにあたって、関連する概念の整理をしておく。(図表5 - 1)

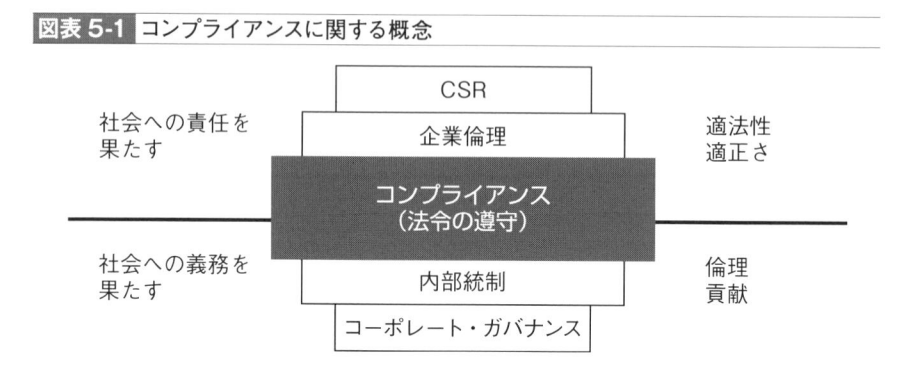

**図表 5-1** コンプライアンスに関する概念

```
              ┌──────────────────┐
              │       CSR        │
社会への責任を  │    企業倫理      │  適法性
果たす         │┌────────────────┐│  適正さ
              ││ コンプライアンス ││
──────────────┤│  (法令の遵守)   │├──────────
              │└────────────────┘│
社会への義務を  │    内部統制      │  倫理
果たす         │                  │  貢献
              │ コーポレート・ガバナンス │
              └──────────────────┘
```

企業の体制構築に関する概念は、コーポレート・ガバナンスが根底にある。

コーポレート・ガバナンスは「企業統治」とも訳され、組織が透明性を持って適正に運営されるための全体システムを構築する。

内部統制は企業内の統治という点から、不正防止のためのチェックシステムを組織内に構築し運用することである。

コンプライアンスは利益の不正供与や贈収賄などの事件が企業の不祥事として社会的に問題視され、監督官庁は企業に対して法令遵守というコンプライアンスの徹底をはかった。その後、偽装や隠蔽などの問題が発生し、法令遵守も含めた倫理的な事業活動が問われることになったのである。それによってコンプライアンスは概念を広げ、企業倫理という意味でも用いられるようになった。

このように、企業倫理とコンプライアンスは密接した関係にある。

コンプライアンスは法や規則に従うという意味で他律的な姿勢を招きやすいのに対して、企業倫理は、倫理的な判断や行動を主体的に実施すると

いう自律性が必要となるのである。

　CSRとは、社会をステークホルダーとして明確に意識をしてステークホルダーへの責任をどう果たすのか、ステークホルダー間のバランスをどうとるかという観点から事業活動を考えることである。

　CSRでは倫理的な観点以上に、その結果としての事業そのものが関心事となる。組織の倫理的な判断と行動によって、ステークホルダーへの責任ある活動が実現できるのである。

## ③不祥事は人が起こす

　法令違反をしているのは組織であると錯覚しがちだが、人が法を犯しているのが実際である。

　犯罪が複雑化・巧妙化することによって責任の所在が不明確になり、最終的には組織の責任になってしまうことが多い。

　設備の法定点検箇所が年間800項目ある。その設備が13か所存在し、現状の人員体制ではすべての点検は無理である。だから、すべての点検をせず隠蔽した、または実施したこととして詐称した。このような場合は責任の所在が不明確となる。

　すべての点検作業をしなくてもすぐには重大な事故にはつながらないと認識し、完全な点検作業計画書を作成しなかった現場担当者、その計画書を承認した上司、計画書に違和感を感じず作業に携わった従業員、そのような点検項目を定めた行政、それを製造したメーカー、これらの中でどこに問題があるのだろうか。

　ここまで複雑になると原因究明の術がなくなり、最終的には「会社が悪い」ということで最終責任は経営者がとることになる。実際、経営者は現場レベルの作業には具体的に関与していないので、本音としては罪の意識はないに等しい。それによって形だけの「申し訳ございませんでした」という、心が伴わないお詫びに終始するのである。

　罪悪感と反省が存在しない社長の交代や、チェックシステムの強化を実

施したとしても現場の人間の意識は変わらず、点検項目の数もそのまま残りつづける。当然、再度不祥事は発生し、別の企業でも同様な不祥事が発生する。

　問題は組織ではなく個人にある。組織は人ひとりずつの共同体であるから、人にスポットを当てない限りコンプライアンスは成立しない。

　時代の価値観が劇的に変化している今こそ、まさしく「企業は人なり」という言葉を見直すべきときである。

　今の時代に、ヒト・モノ・カネ・情報という経営資源を有効活用する方法として、日本の組織風土に適した「日本の美しい経営」＝「人を機軸」にした経営手法を見直すことが求められている。ホスピタリティを介した「人間らしさ」の回復である。

　ホスピタリティはコンプライアンスも視野に入れながら、ホスピタリティ精神をベースに、「人間らしさ」を取り戻す人倫・道徳の復活のためのソリューションといえる。

# 2. 見えない「職場の掟」の存在

### ① 「職場の掟」と法令遵守

　企業各社はコンプライアンスの浸透に苦労しているが、不祥事は収まるところを知らない。その原因には、見えない「職場の掟」が存在する。業界における「業界の掟」も存在する。

　「職場の掟」は組織自らが作り上げるものであり、または職場ごとに伝承的に存在するものであり、その目的は業務を円滑に進めるための手段として認識される。オフィシャル（規程・規則）には存在しないが、組織にとって都合がよいことであり、暗黙のルールとして従うことを強いられる掟のことである。場合によっては、組織犯罪につながる恐れがある。

　低レベルでいえば、「会議の書記は新人の役割」「宴会の幹事は新人に任

せる」「家の購入、結婚時は異動の対象」などから始まり、コンプライアンスにかかわるレベルは、「営業車の法定速度違反」「トラックの積載量超過」「サービス残業を強いる」「決算を粉飾する」「談合をすることで仕事を順当に回す」などが挙げられる。

このような「職場の掟」をつくり実施することによって、業務が円滑に進み、短期的に成果を上げやすいのである。（図表5-2）

**図表5-2** 職場の掟（例）

| 掟の内容 | 掟の主体 |
|---|---|
| 談合<br>粉飾決済<br>事実隠蔽 | 業界がつくる掟 |
| サービス残業<br>仲人は本部長 | 組織がつくる掟 |
| 出張費は浮かす<br>宴会の幹事は新人 | 現場がつくる掟 |

法令違反も、規定違反も、「職場の掟」に従って皆で一緒にやってしまい、悪いことだとは到底思わない。「人」「組織人」として善悪に対する自分の心への問いかけが欠如し、正常な勘が麻痺し、「人間らしさ」が不在になっているところに問題があるといえる。

問題ある職場の掟への参画が無意識の中で良心への違和感を生じ、「ギスギスした職場」や「不機嫌な職場」の諸要因にもなる。

職場の掟が存在する要因には、諸外国の一神教と違い日本は宗教が多元化しており、また無信教者も多く、社会的正義の絶対的な基準が存在しないことにある。また、このような哲学的な議論はビジネス界では非科学的であるとして否定される。それによって「人倫・道徳」「正しさ」は常に状況対応的であり、それよりも会社の維持・存続を強く志向し、職場で結束する傾向がある。

現場の社員にとっては現実の法規定は漠としたもので認識が薄く、現実に目の前にある「職場の掟」が最も優先すべきルールとなる。組織として

も当面の利益確保が命題となり、「職場の掟」を黙認し不祥事を誘発・隠蔽しやすい状況となっている。

産業界は、人間尊重、相互確立、相互発展というホスピタリティ精神に基づく職場内外への対応が鈍感化・硬直化している傾向がある。

一連の不祥事は、企業モラル、遵法意識のレベルではなく、根底にあるものは人倫の低さにある。ホスピタリティ精神が人倫そのものであるともいえる。

社会に貢献する組織人として、社会倫理として働く基本姿勢をホスピタリティをベースにして確実に身につける必要がある。ホスピタリティは、人間そのものを真正面で捉え、人倫を基準とした「人間らしさ」ということは、どういうことなのかを問うことでもある。

## ②倫理とホスピタリティの関係

ホスピタリティの定義に関しては前述したように、広義の定義は「社会倫理」であり狭義の定義は「人倫」であるといえる。倫理には「規範倫理学」と「応用倫理学」の2つの考え方がある。

「規範倫理学」とは、人間らしさ、人はどう生きるべきかといった「……べき」論であり、どのような行為が本来の意味で善い行為といえるのかを問う道徳哲学の領域となる。

「応用倫理学」とは、生命倫理学、環境倫理学、技術者倫理学、情報倫理学、ビジネス倫理学、スポーツ倫理学などを指す。遺伝子治療やメディア情報の複製・加工、ドーピングなどの道徳哲学の文献に頼れない、現代社会問題独特の現象を扱う。

職場において現実的に有効な倫理行動をとるためには、規範倫理学と応

用倫理学のバランスをとることが必要である。

ホスピタリティ精神である「ホスピタリティ・マインド」の規範倫理をベースとして、「ホスピタリティ・マネジメント」という応用倫理を現状に合わせて適応していくことが求められる。

規範倫理学でも応用倫理学であっても、倫理とは人間が守るべき「正義」ということができるが、この正義も法律のように誰しも守らなければいけない「完全義務」と、親孝行や社会的弱者に対して席を譲るといった、強制はしないが実行を期待する「不完全義務」に分割される。（図表5－3）

**図表 5-3** 倫理は完全義務と不完全義務に分割される

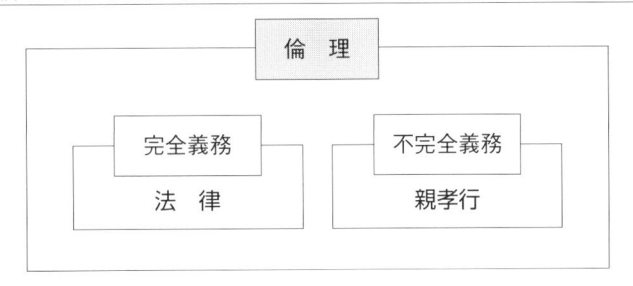

```
        ┌─────倫　理─────┐
        │                    │
    ┌───────┐          ┌───────┐
    │完全義務│          │不完全義務│
    ├───────┤          ├───────┤
    │ 法 律 │          │ 親孝行 │
    └───────┘          └───────┘
```

次に挙げる例は、特定の人に関する完全義務である。

古代イスラエルの指導者モーゼの配下にあったものは、「モーゼの十戒」が倫理であり完全義務であった。

**図表 5-4** モーゼの十戒

| | |
|---|---|
| 1．私の他の何者も神としてはならない。 | 5．父と母を敬え。 |
| 2．像を造り、拝んだり仕えてはならない。 | 6．殺してはならない。 |
| | 7．姦淫してはならない。 |
| 3．主の名をみだりに唱えてはならない。 | 8．盗んではならない。 |
| | 9．偽証してはならない。 |
| 4．安息日を聖とせよ。 | 10．隣人のものをほしがってはならない。 |

仏教の出家者においては、「仏教の五戒」が完全義務である。

**図表 5-5 仏教の五戒**

- 不殺生（ふせっしょう）殺すな
- 不偸盗（ふちゅうとう）盗むな
- 不邪婬（ふじゃいん）不倫をするな
- 不妄語（ふもうご）嘘をつくな
- 不飲酒（ふいんしゅ）酒を飲むな

漢の時代に、国家の教学として認定された孔子の思想である「儒教」を聖典としている国民は「儒教の三綱五倫」が完全義務である。

**図表 5-6 儒教の三綱五倫**

| 三綱 | ・臣下の王に対する忠<br>・子の親に対する孝<br>・妻の夫に対する烈 | 五倫 | ・父子有親（孝行）<br>・君臣友義（忠誠）<br>・夫婦有別（男女の役割）<br>・長幼有序（上下の秩序）<br>・朋友有信（信義） |
|---|---|---|---|

しかし、時代の違い、出家の有無、思想の違いによって、ある人々にとっては、これらは不完全義務となりえる。

オックスフォード大学でアリストテレス研究をしていたロス（Sir David Ross）は、「嘘をついてはならない」とか、「困っている人を助けるべきである」という一般的な義務が正しいことは自明であるが、特定の状況においてどの義務が優先されるか、すなわち何が自分の義務であるかは議論の余地があると考えた。この意味で、嘘をつかない義務や、困っている人を助ける義務は、「一見自明な義務（prima facie duty）」ではあるが、「本来の義務（duty proper）」ではないという。いわゆるこれが不完全義務である。

### 図表 5-7 ロスの一見自明な義務

- 過去の行為についての義務（約束を守り、犯した過ちには償いをする）
- 感謝の義務
- 公正の義務（功績と幸せが比例するようにする）
- 善行の義務（他人の状況を改善する）
- 自己改善の義務（倫理的・知的改善をする）
- 他人を傷つけない義務

　不完全義務においての基準は、中道であるといえる。「中道」と混同されて使われている言葉に「中庸」があるが、「中庸」とは、プラスとマイナスの境目である0を逸脱しないで貫くことである。

　「中道」とは、あるときはマイナス方向へブレ、そこでの実態を受け入れ、これはよくないと感じたらプラスの方向へブレ、誘惑によりマイナスへ傾いてきたらプラスへ方向を変えるといったように、プラスマイナスへブレながらも、やじろべいのようにほぼ中心を維持することが「中道」である。

　プラス、マイナスの状態も受け入れるホスピタリティ精神の原理がそこにある。

　このように、不完全義務は状況によって大きくブレがあるが、ビジネスにおいては完全義務においてもブレが発生する場合がある。職場の一人ひとりは「職場の掟」が完全義務であり、本来の完全義務であるはずのコンプライアンスは不完全義務として認識しているからである。その要因には法律は現場の自分からは遠い存在であるという意識がある。

　組織においては完全義務として掲示されているにもかかわらず、実行されていない場合もある。それが理念や行動憲章といわれるものである。義務がきわめて抽象的であったり、（図表5-8）義務に対する罰則が存在しないのも原因としての要因である。

**図表 5-8** A社の行動憲章

- 私たちは環境の保全と地域の人々の安全を第一に行動します。
- 私たちは社会との約束を守り、誤りは勇気を持って正します。
- 私たちは各国における事業活動において、公明正大に競争します。
- 私たちは事業に携わるすべての人々、株主、投資家、従業員、取引先、地域社会などとの関係を重んじます。
- 私たちは地域社会との関係を大切にし、地域の一員として活動します。
- 私たちは従業員一人ひとりの人権と人格を尊重して公正に処遇し、職場環境の安全を確保します。
- 私たちは会社情報を適正に管理し、適時、適切に情報開示します。

　医療においても同様のことがいえる。ガート（Bernard Gert）は、医学における哲学の効用を説いた哲学者である。

**図表 5-9** ガートのモラル原則

| | |
|---|---|
| ・殺すな | ・欺瞞（deception）をするな |
| ・苦痛を与えるな | ・約束を破るな |
| ・障害者にするな | ・詐欺（cheating）をするな |
| ・自由を奪うな | ・法に従え |
| ・楽しみを奪うな | ・義務を果たせ |

### ■「職場の掟」の二局面

　「職場の掟」とは組織が共同体化して、その共同体を保っていくための掟であるが、すべてが悪いものであるとは限らない。健全な組織の発展を促進するためのプラスの掟とコンプライアンスに抵触する可能性を秘めているマイナスの掟が存在する。（図表5-10）

　第4章で取り扱った「心の癖」も「良い心の癖」と「悪い心の癖」の両面性を持っているように、ホスピタリティはプラスとマイナスの両面を視野に入れ、2つを同化していく。

**図表 5-10** 二局面ある職場の掟

| 区　分 | 状　態 | 事　例 |
|---|---|---|
| プラスの掟 | 規範倫理学と応用倫理学に合致 | ・勤務時間外の小集団活動やサークル活動<br>・朝の街角清掃<br>・10分前行動 |
| マイナスの掟 | 規範倫理学と応用倫理学に不一致 | ・女性は結婚したら退職<br>・出張費、交通費の不正受給<br>・社内備品の個人使用 |

　世の中はすべてがプラスであるわけがなく、マイナスが存在することによりプラスが認識できる。そしてマイナスの「職場の掟」は前述したように、職場を円滑に進めていくために自然発生したものである。マイナスの掟も訳があって存在するのであり、すべてのことが存在理由を持って存在し、無駄なものはないと認めることがホスピタリティ精神である。そしてこの２つの側面を「中道」で認識していく。

　コンプライアンスに関してのターゲットは、「マイナスの掟」へのソリューションである。簡単に答えが出るとは限らない。大切なのは、「職場の掟」にただ流されるだけではなく、その時点で「考える」ことが必要となる。考えることにより考える組織へと展開していく可能性が期待できる。

## ③不祥事発生を阻止する人間らしさ

　組織の不祥事は海外投資への深入り、横領事件、医療ミス隠蔽、国家試験問題漏洩、不正送金、詐欺事件など様々である。

　組織の不祥事は、「実行者個人の問題」「組織統制の不良」の２つが重なり発生するといわれている。

　不祥事が発生すると、「今後はチェックシステムの強化をする」だけでお茶を濁してしまいがちである。

　根幹にある「職場の掟」と実行者の問題、今後起こすであろう実行予定

者を放置したままでの不祥事防止には問題がある。喉元過ぎたらすぐに熱さを忘れてしまい、また再発する。ある企業においては、顧客情報漏洩を数回繰り返しているのが実態である。

　実行者の問題をより詳細に見るとき、その根元には目的意識・志の喪失、過度の協調性、価値判断基準の喪失、思考能力不全などの問題点がある。いわゆる人倫・道徳の欠如、正常な勘が麻痺し社会人としての「人間らしさ」の不在が原因となる。

　ホスピタリティはこれら組織の矛盾を認めつつ、自分自身がどのように行動すべきかを考える方向性を示すものである。ポイントは、「組織の掟」と「人倫」とのバランスをどうとるかにある。

　そもそも、なぜバランスを欠くということが生じるかというと、自分の「人間らしさ」における感覚が麻痺していることに気づかない。そして、問題を指摘できない、声を上げられない。そもそも皆で結託して行動することに、人倫など眼中にないことが挙げられる。

　ホスピタリティでの考え方は、「人間らしさ＞会社の掟」と判断して行動した場合、組織でどう生きていくかにある。言い換えれば、自分に対しての「思いやり」であり「自己の肯定」である。

## 3.　「職場の掟」へのホスピタリティ的ソリューション

### ①「職場の掟」をどのように受け入れるか

　人間らしさ＞職場の掟、と判断して行動した場合、「職場の掟」にどのように従うか、自分なりにネガティブな掟を受け入れつつ、どのように考え行動するかが課題となる。

　ここでいう「受け入れる」とは「認識」（あるがままを認める）であって、「自分のものとして取り込む」という定義ではない。

　行動規則＋個人のインテグリティ（品格・誠実性・一貫性）によって、

## 第5章　ホスピタリティ・コンプライアンス

生きた企業倫理へ発展させる必要がある。

そもそもホスピタリティは性善説が基本であり、誰しもがインテグリティを持っている。したがって、「内なる自分の品格（誠実性・一貫性）」に気づくことが必要である。

そのためには、「自分との対話」が不可欠である。

職場で声を荒げて「職場の掟」を批判すると、自分が組織によって潰される。だから、「それがある」という前提を受け入れたうえで、自分がどのように考えるかである。

ホスピタリティの考え方は、答えは外にあるのではなくすべて自分の中にある。おもてなしや思いやりを実行するときでも相手任せではなく、自分で考え自分で動き、結果も自分の責任となる。

具体的にいうと、まず自職場において「職場の掟」があるということを認めることが重要なポイントである。そこから目を逸らしていては何の進展もない、まず受け入れることから始まるのである。

そして、職場において風土から弾圧をされないように、「職場の掟」に従って行動をする。重要な課題は何を思考しながら「職場の掟」に手を染めていくかである。問題行動を「職場の掟」として「善」として捉え手を染めている人と、「悪」として認識し行動している人とでは、職場、ひいては組織の将来に大きく影響する。

「職場の掟」を「善」として行動し、これがあるために業務が順当に推移しているのであると考えている人が、将来昇格してある程度の権限を持てる地位になったとき、その人はその権限と地位を利用し「職場の掟」をさらに強化・拡大する方向に仕向けていく。そのほうが自部門の業務を円滑に遂行でき、短期的な成果を出しやすくなるからである。

逆に「悪」と考えて「職場の掟」に手を染めていた人が責任ある立場に昇格したときには、その権限と地位を利用し「職場の掟」を解消する方向に動くのである。自利を求めずに、健全な組織の在り方を模索して動こうとするのである。

「職場の掟」を消滅させるために現場の一人が声高に主張したところで、

組織の力において自分が抹消されてしまう。だから従うことが現実的な手段となる。

　たとえば新人の時代に宴会の幹事や雑用ばかりをやらされて、これで良いと考えるか、これはおかしいと考えるかである。新人が部長クラスになったときに、良いと思って実行してきた部長は今年の新人に同じようなことをさせる。しかし、おかしいと感じて行動してきた部長は、今年の新人には新たな役割を与え自己効力感が生まれる仕事を与える。

　宴会の幹事は部長である自分がやっても問題はない。マネジャーとは本来、体育会系のクラブ活動でのマネジャーである。部活のマネジャーが選手に「あそこを守れ」「ここを攻めろ」と指示はしない。本来のマネジャーとは、ドリンクを冷やしタオルを用意し、選手が円滑に試合に臨めるように支援することが、その役割である。部長クラスが部下のために快適な職場環境を構築したり、仕事の見通しづけをするために宴会の幹事を引き受けたり部下の雑用の面倒を見ることも当然であるという認識が必要となってくる。決して「偉い」存在ではないのである。

　「職場の掟」へのホスピタリティ的ソリューションは、個々人の自己の確立と健全な思考を前提にした権限によるマネジメントの強化、仕組みの大幅な変更が必要不可欠となる。コンプライアンスとホスピタリティの関係はこのような手段で実現され、はじめて成果が出るものである。

## ●●　②自分のインテグリティを認識する

　組織の掟＋個人のインテグリティ（品格・誠実性）を通して生きた企業倫理へ発展させていくのが、ホスピタリティの実現である。それがコンプライアンスの浸透にも貢献できる。

　そもそも、人は誰しもがインテグリティを持っている。問題はそれに気づかないことである。

　人は悪いことをしたら謝る。謝るという前提は、謝れば相手は許してくれるという相手のインテグリティに依存している。いわゆる性善説による

ものある。

　性悪説であれば人は許さない、だから謝らないという構図になる。最近はこのような傾向が強くなっているのも事実である。

　企業が不適切な対応をした場合、相手は損害賠償の訴訟を起こしてくる。裁判に備えてこの時点で非があったことを認めると不利な証拠になる。だから、詫びることはせずに正当らしい理屈を展開する。自社の保身だけに翻弄するのである。

　福祉施設の事例として、施設内でのレクリエーション中に利用者が喧嘩をはじめ、仲裁に入った別の利用者がケガをした。施設の職員はケガをした利用者に対して「今回たいへんだったけど、人助けをしたのだから、これからよいことがありますよ」と声をかける。施設の管理責任を問われないようにお詫びの言葉は発しない。施設傷害保険適用を避けるために、ケガの状態についても触れない。ここにインテグリティの認識不足と性悪説、組織の維持・存続など、すべての構図が見えてくるのである。

　今の産業界はこのような傾向が強い。内なる自分のインテグリティに気づくことが大切で、そのためには「自分との対話」が不可欠である。答えが出るとは限らないが、大切なことは、ただ流されるのではなく「感じる」「想う」「志を持つ」ことである。

　過去の成功体験に裏付けられた狭い枠組みでものごとを捉えるのではなく、自己の認識を拡張し、大局観、歴史観、人生観などを磨き、自分が正しいと信じていることへのこだわりや、「〜すべき」「〜ねばならない」という執着を自覚する。そして深い内省によって本質的な自己を想い、ブレない軸や揺るぎない心を養う。自分はどうありたいのかを軸にして、実現したい自分の未来の姿を描き、その創出に向けて行動するのである。

　それによって、考える組織へと展開していく可能性が期待できる。

## ③人間らしさとホスピタリティ

　ホスピタリティでいうところの人間らしさとは、価値観の違いの克服、

自分と他者との折り合いをつけながら「悩む心」を持っていること、状況と自分の気持ち・想いとの間で揺れ・悩む存在、不快を受け入れる心、受難を受け入れ、ともに生きる本能を成長させることである。（図表5－11）

心理学では、「動機」「共感の理解」「ユーモア」「生きがいの心理」の4つの存在が人間らしさといわれている。（図表5－12）

#### 図表5-11 一般的な「人間らしさ」とは

- 適切な社会的態度と認知的世界地図を持つ
- 全人類を同一視する
- 組織の矛盾や不公正を批判できる態度を養成する
- 私利より公益を優先させる態度
- 転換期に立つ人間のモデルとなる
- 世界平和と人類福祉の理想を持つ人格

#### 図表5-12 心理学における「人間らしさ」の特性

1. 動　機
   欠乏動機と成長動機　　欠乏動機→成長動機
   高次動機に生きる人間
2. 共感の理解
3. ユーモア
   ユーモアの感覚
   ユーモアと人格
   人間らしさを遊ぶ＝ユーモア
   5つの要素：滑稽・哀感・攻撃的・現実的・生産的
4. 生きがいの心理
   性善説と性悪説
   人としての「心の生きがい」＝心の成長、生物としての生きがい

### （1）動機

フロイトのリビドー（性的衝動を発動させる力）は、性欲と死の本能が攻撃的行動、破壊的行動へつながると解いている。

しかし、ヒューマニスティック・サイコロジーでは、そこに自己実現へ向かう本質的な傾向が内在しているともいわれている。人間に備わっている本能的傾向は、人間の成長へと向かう動因として働くということである。

カール・ロジャースは、「人は好むと好まざるとにかかわらず、人間らしさ（Being）へ向かって進む。彼のあるべき人となりへ進む」ともいっている。

動機には「欠乏動機」と「成長動機」が存在し、欠乏動機は自己の衝動を否定する。その行動は環境に依存し、他人は自己の欲求満足の手段として見る。成長動機は自己の衝動を肯定する。その行動は環境から独立し、他人は自己の利害関係を離れ、それ自体独立したものとして見る。

人間らしさにおける動機は成長動機を指し、真、善、美、正義などの価値を求める強い本能的衝動が存在する。

## （2）共感性

他者と喜怒哀楽の感情を共有することを指す。相手が楽しい表情をしているときに、相手が「楽しい」ということがわかるだけでなく、自分も楽しい感情を持つことである。通常は、人間に本能的に備わっているものである。

しかし、実際に共感によって他人の感情が自分のこととして実感できるのかは永遠の謎である。論理的には、他人の感情は他人のものであり、それを確認する方法は実在しない。実際には本当に感情そのものを共有しているのではないという点が重要である。

## （3）ユーモア

「ユーモアの感覚」と「自己の肯定」との間には、きわめて深い相関関係がある。

ジョークは相手を攻撃し否定することであり、ユーモアは「〜にもかかわらず」という自虐的なものである。

チャールズ皇太子が来日し、晩餐会での席上で「（日本語で）コンバンハ。

(英語で）私の日本語力はここまでが限界です……」とユーモアあるスピーチをしたが、自己を肯定しない限り自虐的なユーモアは成立しない。（図表5－13）

**図表 5-13** イギリス的ユーモアの特性

- ・滑稽であること
- ・哀感があること
- ・攻撃的でないこと
- ・現実的であること
- ・生産的であること

　ユーモアは、自分の人間らしさを遊ぶことであり、人格が正常であれば成立する。人間だけが持つ行動であり、自己洞察のゆがみ、自己の否定、精神的に重要な障がいがある場合、ユーモアは創出されない。

## （4）生きがいの心理

　人間には生物的存在としての肉体の他に、他の動物や植物と違い、自意識、心、精神がある。

　赤ん坊は親から離れるのを嫌がる。これは本能である。しかし、その時期を過ぎて健全に成長した成人は、親から離れることを求め、プライバシーをほしがり、強制的集団行動から離れ自由がほしくなる。

　人間における本能も心理学者カール・ビューラーの「機能快」では「赤ん坊が立って歩くのは歩かねばならないという義務感ではなく、それが快感だからである。話すことも、言葉を覚え声が出せる学習のプロセスが快感そのものである」といわれている。ホスピタリティの要素でもある歓喜・感激がゴールにある。

　心の生きがいは「心の成長」であり、マズローの「自己実現」（Self-actualization）であり、自己実現が「生きがい」そのものであり、それを妨げるのが「挫折」である。挫折は生きがいを失った状態にさせる。

人間らしさを見出すためには、「内なる心の声」に耳を傾けることが必要である。動物は「内なる声」に忠実であり、教育を受けていないにもかかわらず巣を作る時期、作り方など、内なる声にしたがって行動している。いわゆる本能に基づいている。(図表5 - 14)

しかし、成人になると人間の本能は微弱にしか聞き取れない。それは心の癖ができあがってしまうからでもある。だから、社会の慣習、職場の掟に簡単に飲み込まれ、弱くてデリケートな「内なる声」は簡単に押さえ込まれてしまうのである。「内なる声」を傾聴できず、人間らしさの欠乏に陥ると、合理的な愚か者に、さらには人間性の喪失となり、自分を見失い、悪い職場の掟に忠実に従うことになる。ともすると心の病が出ることもある。「内なる声」には本能と欲望が存在し、人間的強さによる欲望の支配と克服も必要となってくる。

本来の「人間らしさ」とは、心の教育によって確立される。そのうえで他者との共生（調和）がなされるのである。

**図表5-14** 本能と人間らしさ

| 本能（動物らしさ） | 人間らしさ |
|---|---|
| ・無意識の情動系<br>・生物的な生きがい<br>・安全欲求<br>・死を拒む | ・合理的な心<br>・思考力<br>・心の生きがい<br>・弱い心<br>・不快を受け入れる心 |

次頁の図表5 - 15のようにホスピタリティは、人としての本能までも包括する概念といえる。

倫理とは人間が守るべき「正義」である。倫理には、完全義務といわれ厳守しなければならない「法」がある。正義は人間らしさから派生し、法に準拠する。

適切な社会的態度と認知的世界観を持ち、組織の矛盾や不公正を認識で

きる姿勢を養成し、私利より公益を優先させる態度を持つことである。

　このようにホスピタリティは人間らしさを追求し、不完全義務の領域から組織のコンプライアンスにまで通じるソリューションとなる。社員の一人ひとりがホスピタリティ精神を持ち、組織をホスピタリティ文化とすることが、コンプライアンスを円滑に進め企業ブランドを維持・高めるためのポイントとなる。

**図表 5-15** 人間らしさとホスピタリティ

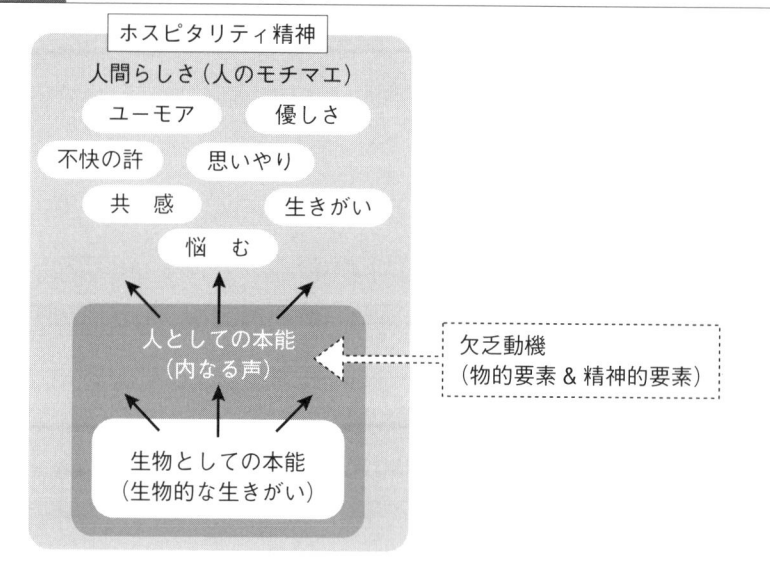

```
ホスピタリティ精神
　人間らしさ（人のモチマエ）
　　ユーモア　　優しさ
　不快の許　思いやり
　　共　感　　生きがい
　　　　悩　む
　　　↑　↑　↑
　　人としての本能　　←　欠乏動機
　　　（内なる声）　　　（物的要素 & 精神的要素）
　　　↑　↑　↑
　　生物としての本能
　　（生物的な生きがい）
```

# 第5章のまとめ

① 企業の不祥事が増加した要因は、「人」が持つ人間的な勘がマヒ状態に陥っているからである。

② 法令違反は組織や仕組みが実行するものではなく、人が介在し実行しているのである。

③ コンプライアンスを妨げるものとして目には見えない「職場の掟」が存在し、人は法よりも「職場の掟」に従う傾向がある。

④ 「職場の掟」は、業務を円滑に遂行するために現場が経験則から作り出した暗黙の了解知である。

⑤ 「職場の掟」には反発することはできない。従うことが当面の策である。

⑥ 「職場の掟」は「悪」であるという認識を強固に持ち続け、従うことが重要となる。

⑦ 人間らしさを失わないためには、自分の心の声に耳を傾ける。誰もが持っているインテグリティに気づくことが重要である。

⑧ 人倫に基づいた行動がコンプライアンス達成のポイントである。

⑨ 人間らしさの発揮が組織を健全な方向に導く。

⑩ 人として何を考え行動するかが、コンプライアンスの重要な課題となる。

# 第6章

# ホスピタリティ・セールス
~ホスピタリティをセールスに活かす~

　プロダクトアウトが基本となる概念であった高度経済成長期（1960年代）における営業の目標は、いかにして「売るか」そして「利益を出すか」という考えである。この時代は経営管理論の「企業の財産は人である」「企業が追求するものは利潤の追求である」という論理が主流であった。

　需要者よりも供給体制が少ないという構図は、作れば売れるという状況を作り出した。大量生産、大量消費の時代は市場のニーズを把握しなくとも、自社の論理でモノづくりをし、売上を増やし、利益を上げることができた時代であった。

　オイルショック以降、大量生産の弊害により市場は飽和状態となり、モノ余りの時代となり作っても売れない時代へ変化してきた。

　そして、現状はさらに複雑となり、市場にニーズ自体が存在しなくなっているのである。

# 1. 時代にあわせたセールス体制

## ①ホスピタリティ経済の変遷

　より良いものをより安く、より多く作ることが良しとされた時代は過ぎてしまい、それが不愉快とされる時代になってきた。経済原理から脱して、「人間対人間」を基本原理とするホスピタリティ経済にシフトしなければならない時代に入ってきたのである。

　ホスピタリティは、1対1（One to One）を基本原理としている。

　等価交換機能をベースにしたサービス型企業は量産と効率性をもって、画一的なものを広範囲に拡大していく経済を促進した。

　これは成長経済を発展させていくうえでは非常に高い効果を生み出したが、現在では、過小消費と過剰生産の矛盾において、コスト競争の渦中に陥っている。そして、働く人の顔と顧客の顔が見えなくなり、きわめて非人間的な画一した社会を窮屈につくりだしている。規則重視の画一を基本として社会を構成し、人々の自立心と創造力を喪失させ、個の機能障害を蔓延させているといえる。

　時代の基盤が、目的そのものと反する水準に達し、サービス型企業による生産、流通のシステムは、人にとって大事なものを見失ってきているのではないだろうか。

　経済の大転換は、サービス経済からホスピタリティ経済へのシフトであり、これによりミクロ経済の様々な機軸や要素が根本から変わってくるのである。

## ②営業活動の変遷

　経済の変動により、営業そのものの動きにも変化が生じる。
　高度経済成長期（1960年代）における法人企業の顧客の特質は、高年

齢層の役職者というのが通常であった。50歳代（当時は55歳定年が普通であった）の部課長が担当者として担当窓口に存在し、営業との折衝を行っていた。

　理由は単純で、外部の者と折衝をして案件を決めるためには正しい意思決定が必要であり、正しい意思決定は何から育まれるかというと長い経験であると考えられていたので、勤続25年から30年、年齢的には50歳代である。

　そして、案件を決めるためにつきまとうのは決裁権であり、決裁権を持つのは部課長クラスである。このような理由により法人企業の窓口担当者には50歳代の部課長が存在し、当時の営業担当者はこの窓口担当者を顧客として、営業アプローチを続けていたのである。

　このときの営業アプローチは、「人情訴求アプローチ」「行動訴求アプローチ」が中心であった。

　「人情訴求アプローチ」とは、相手の情に訴える訴求方法である。営業担当者は窓口担当者に対してお中元・お歳暮は必ず贈り、現状の契約を継続的に結んでいった。また、大規模な新規案件があるときは接待をし、飲食、ゴルフなどを通じて案件を獲得していった。

　「行動訴求アプローチ」は、昔からいわれている「営業は足で稼ぐ」という言葉のように、動くことによって契約率を上げる。別件でお客様の会社の近くまで行ったときは顔出しをし、案件がなくても顔つなぎということで訪問し、雑談をすることによって訪問件数を上げていった。いわゆる「御用聞き営業」である。

　窓口担当者のロジックとしては、自分に対してこまめに顔を出し、なおかつモノや飲食を提供してくれる営業担当者に対して、優先して仕事を発注していった。

　しかし、環境の変化によって、この現象が様変わりをした。

　1980年代に入ると現場の裁量を拡大し、自主的な意思決定を促し、現場の責任感とモチベーションを高めるためにエンパワーメント（権限の委譲）を推進する企業が増えてきたのである。これにより現場は若返りをは

かり、営業担当者と折衝する窓口担当者は中堅社員が主流となり、意思決定のロジックも変化した。

　人情訴求アプローチでは、中堅社員の窓口担当者の世代は過去のような盆暮れの付け届けを嫌い、「賄賂性があるので物は送らないでほしい」「誠意があるのならメールで示してほしい」といった思考になり、接待についても「飲食を受けたということで、御社に決めるとは限らない」という意思決定に変わってきたのである。

　実際、コンペチターが3社あると担当者は3社から接待を受け、そのうえで1社を選択するという意思決定ロジックとなっている。過去の担当者は接待を受けたら必ず仕事を発注するという人情的な側面があったが、近代においてはその発想が薄くなってきている。

　または「業務が終わった後まで取引会社と付き合いたくはない」と接待すら受けない担当者が急増してきている。

　行動訴求アプローチでは、担当者も目標を持って業務を進めているので、その目標に対して実績を上げるような情報や提案を持参してきた営業担当者であれば忙しい中でも時間を割いて話を聞く。

　しかし、単なる顔つなぎ、あいさつ程度で来る営業担当者とは、面会することが時間の無駄であるとして会ってくれない。

　いわゆる環境変化におけるお客様の変化であり、顧客の年齢が若返ることにより価値観と思考ロジックが変化し、それに合致した対応が求められる時代となったのである。「人情訴求アプローチ」「行動訴求アプローチ」から「提案訴求アプローチ」への変化である。

　相手の考え方が変化したら売り方を変えていかなければ、売れるものも売れない時代である。一般的には「提案型営業」「ソリューションセールス」といわれる営業手法へのシフト転換である。

### ③顧客ニーズの変化

　提供物を考えた場合、過去は良いものを作れば売れる時代であったが、

現代は良いものであっても顧客のニーズに合致していないと売れない。

　顧客ニーズを把握するといっても、環境は複雑になっており、ニーズそのものが薄くなり、場合によってはニーズが存在しない場合がある。

　消費財の場合、ボーナスで何を買うか事前に決めている人は昔と比べ減少した。高度成長期においては、マイカー、カラーテレビ、クーラーといわれる3Cを購入したいというニーズが確実にあった。そして家電製品を買い揃え、服飾、飲食とニーズは果てしなく広がり供給体制も拡大した。

　その結果、市場が飽和状態になり「ニーズ」という欠乏状態を補完するものが必要なくなっていることも事実である。

　旅行会社の営業担当者が社内慰安旅行の営業に行くと、必ず決まってお客様からいわれることは、「どこかいいところない？」。旅行というものは行きたい場所を決めてから旅行会社に発注するという流れが通常であるが、どこに行きたいかが定まっていない状態なのである。

　営業としては契約を取るために「今まで、草津や有馬など山方面に行かれていたので、今回は熱海や白浜など海のほうはいかがでしょうか？」と仮説ニーズを提案することによって「白浜もいいね……」と、潜在化されていたニーズを顕在化させるのである。（図表6－1）

　今日の「提案訴求アプローチ」は、相手が気づいていない潜在ニーズに対して仮説ニーズを提示し、それをいかにして顕在化させて気づかせるかにある。

　それには相手の立場に立ち、相手の状況を理解し受け入れるというホスピタリティ精神が不可欠となる。

**図表6-1** 今日の提案訴求アプローチ

```
        ┌─────────┐
        │ 顕在化ニーズ │
        └─────────┘
              ↑
              │←──────┌─────────┐
              │        │ 仮説ニーズ │
              │        └─────────┘
              │
        ┌─────────┐
        │ 潜在化ニーズ │
        └─────────┘
```

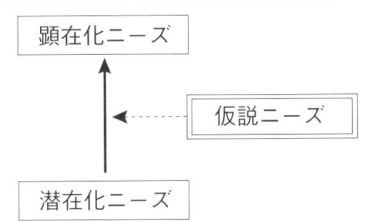

今までの営業は、サービス提供における顧客満足の追求という考えが主流であった。

　しかし、サービスとは相手の欲求を充足し、権利に対して義務を果たすという等価値交換を達成するための手段である。確実に相手の要求に応えることがゴールであり、それ以上の付加価値は提供できない。

　顧客満足とは、相手の期待を把握し、それ以上の対応をすることにより満足が発生するものである。

$$\frac{自社の対応}{顧客の期待} > 1 = 顧客満足 \qquad \frac{自社の対応}{ライバルの対応} > 1 = 顧客満足$$

　さらに、ライバルに勝つためには、ライバルの対応よりも自社の対応が上回ることが求められる。

　相手の期待が100に対して100の対応をすることがサービス提供であり満足は形成されない、「100+$a$」のホスピタリティ対応が求められるのである。

　+$a$を形成するものがホスピタリティであって、期待以上のことを提供することにより、歓喜、感動、感銘が生まれ真の顧客満足となるのである。

# 2. 顧客に向けたホスピタリティ・セールス

## ①顧客が買うもの

　顧客に提供するものは単体の製品であったり、製品群であったり、無形のサービスであったり、またハードとソフトが融合したシステム群であったりと様々である。

　しかし、提供しているものはそれだけではない。たとえば、自動車の営業担当者は販売しようとする車という製品情報だけではなく、その他に自

動車保険の契約事項やローンの金利といった情報や、車庫証明など法律に関する情報も提供している。そして会社のブランド、過去の取引実績、信用など、提供物としての概念は大きく広がりを持っている。

コンビニエンスストアは、商品を提供するよりもコンビニエンスという利便性を提供することがビジネスモデルでもある。

顧客に提供するものは製品や商品、サービスそのものだけではなく、他にも提供しているものがあるということである。

これら提供物の多様化により、顧客は製品・商品そのもの（ハード）を買うのではなく、製品・商品の提供の仕方（ソフト：対応）また、付随する情報までも含めて価値を見出すことになる。ホスピタリティにおいては感動や歓喜、感銘を与えるために提供物としての概念領域は広義で解釈する必要性がある。

製品・商品そのものの持つ技術力などが高度化し限界に近づくと、その後にくるのは製品・商品の均一化現象である。各企業の製品・商品は技術力としてはほとんど変わらない状態になり、製品・商品（ハード）で他社との差別化をすることができなくなると、ソフトで差別化をせざるを得ない状態になってくる。

ここでいうソフトとは「提供の仕方・対応方法」であり、製品・商品力に頼るのではなく、人的対応を中心に考えてアプローチしなければ、成約に至ることができない時代にきている。

人的対応の中心的な価値は人そのものであり、ホスピタリティ精神の存在と発揮に頼るものであって商品力だけに頼るものではない。「作れば売れる」という考え方は過去の妄想となってしまった。

自社が扱っている「製品・商品・サービス・提案」を再点検し、どのようにしてホスピタリティの要素を入れて顧客へ提供していけばいいのかを整理することが、ホスピタリティ・セールスの最初の段階である。

とりあえずは、客先へ行ってみるという「行動訴求的アプローチ」にいわれるフットワークの良さよりも、まず考えてみるといったヘッドワーク

が重要視される。

　営業担当者が顧客に提供するものは、「製品・サービス・提案など」といった提供物そのものと、提供物が持つ「機能・特徴」、そこから得られる「利点」の３つに分類して整理する必要がある。

　そして、この３つの領域をどのようにして具体的に展開していくかが、ホスピタリティを融合した効果的な営業展開のポイントとなる。

　「製品・サービス・提案」には、必ず「機能・特徴」が存在する。一般的にはこの「機能・特徴」は、カタログやパンフレットに記載されている客観的事実のことを指す。

　Ａミュージックプレイヤーの「容量は64GB」「FM放送も受信できる」「サイズは縦320㎜×横200㎜高さ80㎜」といったものが「機能・特徴」であり、誰が見ても納得できる客観的な事実となる。これを顧客の立場に立ち、その「機能・特徴」が原因となって、その結果あなたに何をもたらすのかを考えることがホスピタリティ的な要素である。相手を受け入れ、相手のライフスタイルを想定して原因から最適な結果を導き出すのである。

　「容量は64GB」が原因となってその結果「多くの音楽をインストールすることができる」、それが原因となってその結果「インストールする曲を選ぶ必要がない」、それが原因となってその結果「いつでも聴きたい曲が聴ける」というように、顧客の期待の方向に向けて原因結果分析をしていくことにより、製品・商品の「利点」を導き出していくのである。

　しかし、「利点」は「機能・特徴」と違い、主観的想定である。結果を考える営業担当者の個性や経験、ホスピタリティ精神の高低によって差が現れる。（図表６－２）

　「容量は64GB」が原因となってその結果「他社にはこれだけの容量を持つ製品は存在しない」、それが原因となってその結果「業界では唯一の高機能製品である」という展開になると、「いつでも聴きたい曲を聴きたい」という顧客の期待と乖離が発生してしまう。

　また、経験が浅かったり、ホスピタリティ精神が存在しない営業担当者は相手のことを受け入れることができず、単に「機能・特徴」の羅列の説

明だけで終わってしまったり、「すごく良い製品です」「一番多く売れています」といった形容詞型の説明で終始してしまう場合が多い。

ホスピタリティは、個性化・高質化・人間知性化がベースとなる。ホスピタリティ精神を持つことにより、精度の高い利点の展開が可能となるのである。

**図表 6-2** ホスピタリティを融合した営業展開の例

| 原因 | 結果／原因 | 結果／原因 | 結果（利点） |
| --- | --- | --- | --- |
| 容量は64GB | 多くの音楽をインストールすることができる | インストールする曲を選ぶ必要がない | これがあればいつでもどこでも好きな曲が聴ける |
| FM放送も受信できる | 外出中でもFM放送が聴ける | 聴きたい番組を逃すことがない | |
| サイズは<br>縦320mm×横200mm<br>高さ80mm | ポケットに入るコンパクトサイズ | 持っていることが気にならない | |

アメリカのエイボンという化粧品メーカーの社長がいつも言っていることは、「わが社は化粧品を売っているのではない、これを使えば美しくなれるという女性の夢を販売している」。これは、まさに利点を提供しているのである。

顧客は製品・商品に対価を払うのではなく、それを購入することによって私にとってどのような利点があるのかを考え購買に至る。利点に対して対価を払うのであるから、利点をありありと明確に提示しない限り購買には至らないのである。

そのためには、相手の立場を受け入れ、相手との相互発展を視野に入れた利点の提供が求められる。相手が想起もしていなかった利点を提供することによって、歓喜・感銘につながり顧客満足が成立するのである。

## ②顧客が得るもの

　営業担当者は提供するものについて考えるだけではなく、顧客のことについても考える必要がある。その際に重要なのが顧客の「具体的状況」と「ニーズ」である。

　ニーズとは顧客の持つ欲求・解決したい問題点であり、ニーズは顧客によって異なり様々である。

　ニーズには「一般ニーズ」と「固有ニーズ」がある。

　たとえば、「コストダウンをしたい」というのが一般ニーズといわれるものである。「この業界ではコストダウンが叫ばれているので、この顧客もコストダウンという課題があるのではないか」と仮説を立ててアプローチするときの検討材料として用いる。

　しかし、実際の顧客A社は、「コストダウンをしたい」という一般ニーズではなく固有ニーズを持っている。

　固有ニーズは、水準と期限と具体性が加味される。「B製品の製造工程Cにおいて対前年比5％のコストダウンを2月までに行いたい」というものである。

　この固有ニーズを掴まない限り、顧客のニーズを把握したということにはならない。

　たとえば、「工場の生産体制コストが逼迫しているので、すべての製造工程において対前年比20％のコストダウンを3か月以内に行いたい」という固有ニーズであれば、自社が提供する製品力・技術力では対応不可能だということを認識し、提案辞退が必要である。

　さらに、固有ニーズは、「顕在化ニーズ」と「潜在化ニーズ」に分かれる。

　「顕在化ニーズ」とは担当者が、「こうしてほしい」「これが課題だ」と営業担当者に表明できるニーズであり、担当者が認識しているニーズを指す。

　逆に担当者が認識していない、顧客の組織の中でもまだ発生していない

ニーズが「潜在化ニーズ」である。

　顧客は、「社内で情報ネットワークを構築したい」という顕在的なニーズを持っている。しかし、営業担当者が状況質問で確認すると、社員数300人に対してパソコンは80台。現場では管理者のみが使用している状態。若手社員はプライベートでパソコンを使っているが、高年齢層の社員は使用できない人もいる。といった「具体的状況」が把握できる。

　具体的状況は、ニーズの背景となる事象である。「高年齢層の社員はパソコンが使えない」という具体的状況から、「ワードが打てない」「エクセルが使えない」「パソコン嫌い」という仮説ニーズが発生する。

　この具体的状況から見て、ネットワーク構築と並行してパソコン教育が現場に対して必要ではないかと考える。（図表6-3）

　これが、仮説ニーズであり、担当者が気づいていない潜在化ニーズを顕在化させるための手段となる。

**図表6-3　具体的状況から顕在化ニーズの創出**

| 具体的状況 | 仮説ニーズ | ニーズ |
|---|---|---|
|  |  | ＜顕在化ニーズ＞<br>LAN構築とグループウェアの導入 |
| 全員にPCが導入されていない | 高年齢層は文書作成ソフトが使えないのではないだろうか | ＜潜在化ニーズを顕在化＞<br>PC教育の並行導入 |
| 外出している社員が多い | 無線LANやWifi対応も必要となってくるだろう | ＜潜在化ニーズを顕在化＞<br>モバイル環境を考えた端末機器の導入 |

　「100＋αが顧客満足である」ということを前述したが、100が「顕在化ニーズ」であり＋αの部分が「潜在化ニーズ」を「仮説ニーズ」によって明らかにした部分である。

　満足提供のために期待（顕在化ニーズ）以上のことを提案しようとして、他に何かニーズはないかと担当者にヒアリングしても「ない」と言われて

も当然である。担当者自身も気がついていない潜在的ニーズのことをヒアリングしているからである。

　状況質問によって「具体的状況」を確認し、そこから＋αの提案をすることにより、相手は「そこまで想定していなかったことを提案してくれた」という感情を持ち、満足が発生し、信頼につながるのである。

　仮説ニーズの創出と提供には、相手に対する想いと支えが存在する。

　具体的状況をつかむことにより、「業界トップの顧客なら現状をどのようにして維持していくかが課題だろうな」「業界5位の顧客なら更なる成長と発展のチャンスを探っているだろうな」というように、どのような経営課題があるのかを相手の立場に立ち、すべてを受け入れて想定することが必要となる。

　営業担当者は顕在化ニーズを確実に把握することはもちろんのこと、顧客の概要を調査し、この潜在化ニーズを顕在化するための仮説ニーズを想定する力が求められる。

　仮説ニーズの想定においては、相手のことを深く知ろうとする相互理解と相互容認の姿勢が存在しなければ、具体的状況から精度の高い仮説ニーズを導き出すことは成立しない。

## ●●●③顧客が得る具体的成果を創造する

　顧客は、自らの「ニーズ」と営業担当者によって提供される「利点」が合致しても、それを最終ゴールとはしない。

　「ニーズ」と「利点」が合致した成果として満足が得られるという確信を持ってはじめて成約という行動を起こす。つまり、どんなことに役立つのか、どのような成果が得られるのかを確信してもらうことが最終ゴールとなる。顧客はそうした成果である「効用」を確信するのである。

　たとえば、食料品メーカーの営業担当者が小売店に新商品を提供するとき、自社商品の利点としてテレビCMによる商品の販売支援、卸値などを訴求し、小売店のニーズが「店舗の売上を増加したい」であった場合、「こ

の新商品を扱っていただければ店の売上も上がります」といった利点とニーズを単純に合致させただけでは相手は満足はしない。相手が得る具体的な成果をありありと伝えなければ、満足は提供できないのである。

「この商品を扱っていただくことにより売上も上がりますし、CM効果もありますから商品の回転も上がり、在庫を考えながら発注することに時間を取られることなく販売だけに専念できますよ」というように、具体的成果を相手のことを考えながら、ありありと提供していくことが求められる。

このように製品・商品の「利点」を展開できたとしても、相手の「ニーズ」とつなげる作業が必要となってくるのである。

もし、顧客の抱えているニーズが一様に同じモノであるならば、営業担当者の提供する「利点」は一つあれば十分ということになる。

しかし、営業担当者が出会う顧客が抱えているニーズは、顧客によって異なり様々なのが現実である。そこで営業担当者は、複数の利点を用意する必要がある。

そして、ただ単に「利点」をたくさん用意しただけでは、顧客の様々なニーズに合致させることはできない。大切なのは、可能な限り洗い出した「利点」と「ニーズ」を結びつけた「効用」を準備しておくことである。「効用」とは、「利点」と「ニーズ」が合致した顧客の得る具体的成果である。

効用は顧客が感じるものであるから、営業担当者は顧客の側に立って顧客とともに具体的にありありと創造する必要がある。商談中に得られた顧客のニーズを加味し、効用の表現を顧客の言葉に置き換えて効用をお互いに確認しあい、顧客にはっきりと確信してもらうのである。

図表6-4の場合、利点とニーズを単純に合致させると、「通勤や通学で手軽に好きな音楽を聴くことができます」という表現になってしまう。相手の立場に立って相手が得る成果を具体的に想い描き切れていないのである。

「効用」は相手への共感性の発揮が必要となり、顧客が営業担当者に対して「私のことを理解してくれている」という実感を与えることが必要である。

**図表 6-4 効用の創出例**

| 利　点 | いつでもどこでも好きな音楽が聴ける |
|---|---|

⬇

| 効　用 | これがあればいつでもどこでも好きな音楽が聴けて、あなたの通勤・通学スタイルが大きく変わり、楽しい時間を過ごすことができるでしょう |
|---|---|

⬆

| ニーズ | 通勤・通学で手軽に音楽を聴きたい |
|---|---|

　商談の前に「効用」を複数想定し、顧客のどのような「ニーズ」にも「利点」をうまく組み合わせて提供できるように準備していくことが重要である。相手に対して役立ちたいと考えた場合、当然のように事前に想定するという思考が発生してくる。

　もし、営業担当者が一つの効用しか想定していなかったら、商談場面で顧客からのあらゆるニーズに対応することができない。どのような方向に商談が進んでも対応できるように、事前に複数の効用を想定しておく必要がある。

　これがホスピタリティの役立ちの姿勢であり、相互扶助の関係を保つということである。

　あくまでも、この提案訴求におけるプレゼンテーションはサービス提供の領域であるから、主従関係が存在する。しかしその上位概念がホスピタリティであり、相手を受容し、主客同一の立場で価値創造をして提案内容を検討しなければ、質の高いセールスは成立しない。

# 3. ホスピタリティ・シップ

## ●●● ①顧客の商談への参加性

　「効用」を創造するためには営業担当者だけが商談を主体的に進めるのでなく、顧客にも主体的かつ積極的に商談に参加してもらうことが不可欠である。

　そこで営業担当者は顧客の商談への参加を引き出し、その参加の程度、つまり顧客の参加性を高めなければならない。

　顧客との相互発展を目指すためには、相互確立と相互信頼から始めないかぎり、ゴールへの到達はできない。

　顧客の参加性を十分に高めることができなければ、営業担当者は顧客の情報をわずかしか理解することができない。

　そうなれば、顧客は効用を営業担当者とともに創造することはできなくなる。その結果、契約を成立させることはむずかしくなる。

　一方、顧客の参加性を高めることができれば営業担当者は顧客の情報を十分に理解することができ、顧客は顧客自身にとって価値ある「効用」を確信できる。その結果、契約を成立させることができるのである。

　そのためには、商談の初期におけるアプローチで顧客の参加を引き出せるようにすることである。

　そのアプローチとは、商談の初期の時点における顧客にとってメリットが感じられるようなやり取りである。顧客がメリットを感じれば、顧客の商談への参加性は高まる。

　アプローチを組み立てるには事前に想定した仮説ニーズの中から、最も顧客の関心が高く、しかも的を射た「ニーズ」を選び提示することである。

　「様々な新商品が各社から発売されており、店舗としてもどの商品を扱えば売上が上がるのかお困りでしょう」。(何を扱えば売上が上がるのかを知りたいという仮説ニーズ)

この時点で顧客からは同意語である「そうなんですよ。困っていてね」という言葉を引き出せる。ホスピタリティ精神の共感性である。

続いて、その「ニーズ」を満たすことによって得られる顧客の効用を提示する。

「そこで、今日は新商品のテレビCMと連動して店舗内で乳製品のある朝食フェアを開き、確実に乳製品カテゴリーの売上が上がるご提案についてご説明をさせていただければと思い伺いました」。（効用の提供）

このような形で導入することにより、スムーズに商談が展開していく。顧客も興味を示し、この後の話を聴いてみたくなり、自ずと商談に参加をしてくるのである。

## ●●●②興味を持ちそうな共通の話題を取り上げる

一般的には顧客の参加性を高めるためには、商談の中身から抽出した言葉で顧客の参加性を高めるだけではなく、「投げかけ質問」を利用して顧客の注意と関心を引きつけるアプローチ話法を用いる場合が多いのが現状である。

話の切り出しから製品・商品の説明に入ろうとすると、顧客はますます不安感と警戒心を持つことになる。

本論に入る前にワンクッションおいて顧客の精神的な抵抗を和らげるために、まず、興味を持ちそうな共通の話題を取り上げることが得策である。

一般的に共通の話題となりやすい事柄を図表6－5に提示しておく。

図表6－5のアプローチを「木戸にたちかけせし衣食住」と覚えておき、顧客により適切な話題を取り上げていく。

新規訪問で名刺交換をし、緊張により両者がそのあと言葉に詰まったら相手を嫌な気持ちにさせないために「木戸にたちかけせし衣食住」から適切なものを選び出し「朝のニュースで言ってましたが、また大きな台風が来るようですね……」と口火を切る。

これらの「投げかけ質問」は答えがYESであってもNOであっても後

**図表6-5** 話題になりやすい事柄（投げかけ質問）

| | |
|---|---|
| 木……気候・季節・近況など | 「毎日暑い日がつづきますね」 |
| 戸……道楽・同郷・同業者など | 「最近、ゴルフの調子はいかがですか」 |
| に……ニュース・時の話題など | 「朝のニュースで放送されていましたが」 |
| た……旅・誕生日・体験など | 「今年の連休はどちらか行かれましたか」 |
| ち……知人（共通の知人）など | 「あの方は最近いかがされてますか」 |
| か……家庭・家族など | 「とても元気なお子さんですね」 |
| け……健康など | 「最近タバコをやめましてね」 |
| せ……生命・姓名など | 「珍しいお名前ですが……」 |
| し……仕事・趣味・習慣など | 「失礼ですがどのような内容のお仕事ですか」 |
| 衣……衣服・ファッションなど | 「いつもおしゃれですね」 |
| 食……食物・食生活など | 「上海蟹の季節になりましたね」 |
| 住……住居・住宅など | 「交通の便が非常にいいところですね」 |

の商談にマイナスの影響を与えるものではない。これらの質問を数回投げかけることによりお互いの緊張感が緩和され、スムーズに本論に入れるのである。

相手に対しての思いやりを伝えるためには、相手が共感できる行動をとらなければ伝わらないものである。

## ③態度・姿勢・身だしなみ

さらに、顧客の商談の参加性を高めるために必要なものは、営業担当者としての態度・姿勢・身だしなみである。ホスピタリティにおいては表層的なものであるが、これらが顧客の第一印象を形成する。

商談において顧客の参加性を常に高い状態に保つためには、営業担当者は顧客が求める態度・姿勢・身だしなみで臨むことが重要である。悪い印象を与えてしまうと、顧客の参加性は低くなってしまうものである。

いつもきちんとした服装をした人は、その姿がイメージに残り、その結果その人のことを「礼儀正しい人だ」と周囲は感じる。逆に汚れが目立つ服を着ていたりすると「だらしのない人だ」と感じ、相手に対しての意識

に欠けているとみなされる。

　このように、営業担当者が顧客に与える印象はイメージによって記憶され、このイメージはきわめて高い記憶の保持力があり、一度形成された印象は、長い年月を経てもそのまま残る傾向がある。

　顧客が悪い印象を一度抱くと、それを打ち消すことは困難であり、一度損なってしまった顧客の信頼を高めるのは大変難しくなる。

　顧客は営業担当者に超一流ホテルやレストランの従業員と同じレベルの態度や姿勢・身だしなみを求めているわけではない。顧客が営業担当者に求めているのは、自分のことを「顧客として尊重する」という気持ちのあらわれである。ホスピタリティでいうところの人として対等関係であり、人間尊重である。

　誰でも、自分自身のことを軽々しく扱われると気分を害し、不快な印象を抱くものであり、顧客も同様である。

　たとえば、営業担当者にはそういった気持ちが全くなくても「身だしなみが不潔」であると、顧客は「自分は軽々しく扱われている」と受け止めてしまうものである。

　好かれる営業担当者になる前に、嫌われない営業担当者になることが最優先であり、ホスピタリティの表層的側面である身だしなみ、マナーが必要となってくる。

　すなわち、営業担当者はしっかりとマナーを身につけ、顧客に満足を与えるために顧客の立場で顧客の望んでいることを知り、顧客の役に立てるといった問題解決への取り組みが大切になる。

　つまり、営業担当者にマナーが欠けると顧客に不満足を与えるが、しかしそれを身につけているからといって、それだけでは顧客に満足を与えることはできない。顧客に満足していただくためには、同時に提案訴求としての「効用」の提供が必要となるわけである。

　逆に主客同一関係というホスピタリティ精神で見た場合、顧客側にもマナーは必要となる。

　「次回のプレゼンには1時間ほど時間をいただきたい」という営業担当

者の言葉に顧客はOKを出しておきながら、当日になって「会議室が取れなかったので30分で終わらせてほしい」。「次回は部長も同席をしてその場で決定する」と言いながら、当日になって部長に声をかけるのを忘れていた、などということは顧客側のマナー違反であるといえる。

　これでは、お互い建設的な商談が不可能となる。

　営業活動は営業担当者による一方的な活動ではなく、顧客にも積極的に参加してもらい、営業担当者と顧客が相互理解を深めなければ共同で価値ある効用を創造することはできない。

## 4. ホスピタリティ・セールスの回帰

　1950年代〜1980年代は活気がある商店街が多かった。

　夕方になり、いつも買い物に来るお客様のAさんが現れない。「今日は忙しくて買い物に来られないのかな」と、魚屋の店主は仮説ニーズを想定し、閉店時間に来店しても商品提供ができるように白身の切り身を2切れ冷蔵庫に保管しておく。なぜかというと、Aさんは年配の2人暮らし。昨年、ひかりものの鯖を食べて蕁麻疹が発症したという具体的状況を聞いたので白身の魚を用意。ホテルのベルボーイのように、頭の中に顧客のデータベースが入っているのである。

　しばらくすると、Aさんが走ってくる。「昼寝で寝過ごしてしまって、こんな時間になったけど、もう魚はないでしょうね」。魚屋の店主は用意してあった魚を冷蔵庫から出して提供する。

　これで顧客は大きな満足を実感する。または感動を実体験することになる。

　店主が人としての優しさ、人間らしさを持ち商売をしていたことになる。

　この時代の店主のお客様への対応は形式ばった会話ではなく、「今日も暑いね。夕飯、何するの？」といったように友達同士のような会話が行わ

れていた。全米顧客満足度 NO.1 といわれている百貨店ノードストロームも店員がお客様と、友人、兄弟のように親しく会話をする。

両者も「お互いが対等となるにふさわしい相関関係」を築いているのである。お互いが人として平等であり相互扶助の力関係が発生していた。いわゆるホスピタリティ精神が存在し、店内ではホスピタリティ文化がお客様を巻き込んだ形で成立していたのである。

この満足が口コミで拡大すると、店は繁盛する。時は神武景気、バブルと好景気な経済トレンドが後押しをする。

客数が増えてくると店員を雇わなければならない。場合によっては新店舗を出店しなければならなくなる。顧客データベースは主人の頭にしか存在しないので、このような状況になると従業員には店主のようなやり取りは展開できない。それを克服するために POS レジをシステム導入し、顧客データの共有化をはかるようになる。

しかし、POS では顧客の定量データは共有することは可能ではあるが、嗜好や想いなどの定性情報は共有化できない。さらに接客マニュアルを製作し顧客対応の平準化を目指そうとする。

これはホスピタリティ提供であった商売の手法をあえてサービス提供に引き下げる行為をとってしまうことになる。

結果として顧客満足が低下し、さらに顧客の引き止め策として価格の引き下げを余儀なくされ、価格競争に巻き込まれるのである。

商売には、人としての人間らしさや人柄が求められるはずである。昔から商品力よりも人的販売の魅力性によって商売は成立してきたという経緯がある。

高度経済成長期のバブル時代を通過することによりその基本が失われ、顧客データのシステム化やネットワーク化にはしり、自動販売機による装置販売やスーパーでのセルフ販売、学生アルバイトでも提供ができる平準化した販売マニュアルによって商売をする方向へ進んでいってしまった。

そのため対面販売の形態が減少し、人と人との関係性により販売を提供していく機会が薄れてきたのである。人的販売の時間が減少すると、自分・

店舗のアイデンティティを顧客に提供する機会が激減し、商品力、価格に頼らざるを得ない結果に陥る。現在は技術の高度化によって全ての商品は高度な技術で製造されており、その結果技術の均一化、商品の均一化となり、商品力での差別化はむづかしい。結局は価格を下げる結果になるが、一度ご贔屓になった顧客も他店の方が安ければ離れていく。人的販売の強化は顧客は引き留め（リテンション）を実現するために有効な手段である。

　ホスピタリティの時代になり、減少した人的販売手段をセールス（営業）において再度実現し、人との関係性を重視したセールス手法の再構築をしていくという動きが出はじめている、これがホスピタリティ・セールスの考え方である。

# 第6章のまとめ

① 環境の変化によって営業の訴求形態も変化している。環境にあった訴求方法をとらなければ売れるものも売れない状態となる。

② 顧客は営業担当者によって提供される「利点」が自分のニーズを満たすと確信したときに、契約を決定する。つまり、顧客はニーズに合致した「利点」に対価を支払うのである。

③ 提供物（ハード）の品質が高度化し均一化現象になった場合、差別化の対象として提供するものは対応の仕方（ソフト）である。ホスピタリティ・セールスの手法で提案することが求められている。

④ 顧客の潜在化ニーズを顕在化するためには、顧客に対する深い想いと共感性の発揮が重要である。

⑤ 営業担当者は、顧客のニーズのありかを探るために、顧客の「具体的状況」を相手の立場に立って十分に想定しておくことが重要となる。

⑥ 顧客の「具体的状況」は、顧客のニーズの背景となるものであり、「具体的状況」から仮説ニーズを作り出すことが可能となる。

⑦ ニーズと利点が合致した結果として、どのような満足を得ることができるのか、つまり、どんなことに役立つのか、どんな成果が得られるのかを顧客に確信してもらうことが、セールスにおいて目指すべき最終ゴールとなる。

⑧ セールスにおいては、ホスピタリティの表層的な側面であるマナーも重要な項目として機能している。

⑨ 過去の日本の商慣習においてはホスピタリティ・セールスが無意識のうちに行われていたが、システム化の導入と成長戦略によって形骸化してしまった。

⑩ セールスは人対人が基本であり、ホスピタリティ精神を反映して実行することにより、相互扶助、相互発展という深い信頼関係が築ける。

# 第7章

# ホスピタリティ志向による効率化
~ホスピタリティを効率化に活かす~

　日本の産業界が勝ち残るために長年展開してきた経営手法は、「効率化」と「改善」であった。たしかに過去の経営環境では、効率化によって大きな成果を出し、ムダを省き、ムリをなくしてきた。しかし、現状はムラが発生してきている。過去からの延長線で同じようなコスト削減、人員整理をしても、すでに徹底的なコストダウンをしているため、これ以上はムリ。人員削減も派遣社員や外国人労働者を投入済みなので、これ以上の削減はムダ。しかし、それでもいまだ効率化計画が方針として出され、同じようなことを繰り返し、ムラが発生する。過去の効率化の手法は今の環境の変化にはそぐわないのである。
「削りとる効率化」から「創造する効率化」へ、思考の中心を革新しなければならない。そのための核となる考え方が、ホスピタリティである。
　ホスピタリティは適応される領域は広いが、効率化という経営手法に至るまで影響を与える。

# 1. 仕事の進め方の変化

## ①役割・意識の変化

　仕事を進めるために必要な課題や目標は、従来そのほとんどは上司から与えられるものであり、仕事・業務の進め方・システムも既存の標準化されたものがあって、いち早くそのやり方に慣れることが必要とされた時代があった。

　組織を巡る環境が比較的平穏な場合にはこのような取り組みで良かったといえるが、混沌・変革という時代を迎えると、このような仕事への取り組みでは適応がはかれない。役割・意識を変えざるを得ないのである。

　構造的変化は仕事に対する基本的な考え方・枠組みを変えることを要求し、図表7－1の「これから」（右側）がより一層強調される時代になってくる。

**図表 7-1 時の経過にともなう役割・意識の変化**

| 項　目 | 今まで | これから |
| --- | --- | --- |
| 中心価値 | 効率性の追求 | 有効性の追求 |
| 目標・課題 | 与件（ブレークダウン） | 創造（自律的に創出） |
| 課題の特性 | 構造化しやすい | 構造化しにくい |
| 情報収集 | 内的・受動的・公式的 | 外的・能動的・非公式 |
| 意思決定の内容 | 管理的・業務的 | 戦略的・人倫的 |
| 思考のパターン | Systematic | Systemic |
| 影響力の源泉 | 与えられた公式権限 | 獲得し受容された権限 |
| 影響力の方向 | 下方への行使 | 上下左右 |
| 志向する成果 | 課業志向の基本的成果 | 目的志向の革新的成果への行使 |
| 計画の質 | 定型的 | 創造的 |

## ②仕事をこなすから仕事を創る

　今、組織をとりまく環境は大きく、激しく、しかも構造的に変化している。変化の時代になればなるほど、常に組織をとりまく内外の環境変化を見抜き、強力なリーダーシップを発揮して、事業の革新、業績向上、業務の革新と効率性の追求・改善、職場の活性化に必要な企画や問題解決行動を打ち出していかなければならない。

　今、組織に求められているのは、如何に「仕事をこなす」かという視点ではなく、「誰のために」「何をなすべきか」である。つまり積極的に「仕事を創っていく」という視点を持って仕事に取り組むことである。

　自社・自部門さえうまくいけばそれでいいという発想ではなく、相互発展と相互扶助を概念として持ち、他者のために何ができるかということを認識し、業務に取り入れていくホスピタリティ的な側面がなければならない。

　過去の効率化の発想であった「削る」ことから、これからは「創る」ことへ発想を変えることが、今後求められるホスピタリティ的側面における効率化の発想である。そして、誰のための効率化であるのかを認識し、有効性のある効率化対象業務を選定することが重要である。

　環境が構造的に変化し、積極的な対応をはからなければならないにもかかわらず、現状の仕事の改善や単なる効率化の追求に終始することを「仕事をこなす」といい、障害が発見された場合、すばやく対応しアイデアを出し現状を収めていくレベルで終止する。「仕事を創る」とは、将来を見通し、自分自身が変化をつくり、課題に対して時間をかけて検討し戦略化をはかることである。（図表7－2）

　そのためには、「システミック思考」（Systemic Management）が求められる。システミックとは既存のシステムに「学習能力」を持ち、自らを変化させながら環境に能動的に適応していくものと捉える。

　いわゆる、今あるシステムを前提として発想するのではなく、既存システムの有効性の有無を判断し、既存システムの修正または破壊をも視野に入れて発想することである。

**図表 7-2** 「仕事をこなすから仕事を創る」

| タスク環境の構造的変化 | → | 効率の追求・仕事の改善 |
| --- | --- | --- |
| ↓ | | 仕事をこなす＝対応する＝すばやく＝アイデア＝戦術＝現在 |
| 積極的適応をはかる | → | ホスピタリティ意識 |
| | | 仕事を創る＝変化を創る＝ジックリ＝課題・問題＝戦略＝将来 |
| | | 創造・新しさ・独自性・受け入れ |

　ある航空会社で現場の乗務員が、社内の効率化に貢献しようと効率化計画を実施した。当時はおしぼりサービスを機内で実施していたが、そのコストに注目し、現状では個別の空港支店で発注をしていたものを、伊丹空港と大阪国際空港は隣接しているので2支店分を一括して発注する提案をした。結果は7,500円／500本だったのが6300円／500本にコストを抑えることができた。その結果を見て羽田空港、成田空港で合同実施し、成果を上げ、その後、全空港支店で一括し発注をかけることとなった。結果は全体で20％のコスト削減ができた。

　これが、おしぼりを配らなければいけないという既存システム上で検討する「システム思考」である。

　そのときに新人の乗務員が異を唱えた。「先輩方、苦労して1本当たり何円何十銭のコストダウンをされていますが、本当におしぼりは機内で必要なのでしょうか？」この発想が「システミック思考」である。

　お客様の意見を伺うと、国内線においてはおしぼりは必要ないという意見が圧倒的な数を占めた。結果としておしぼり廃止を打ち出すことになり、一便あたり7,500円の効率化が達成できたのである。

　マネジメント活動におけるシステム・アプローチの重要性は時代が変わっても不変のものであるが、「システム思考」には「合理的」「体系的」「構造的」「機械的」「効率的」というイメージがある。

　「システミック思考」は「ゆらぎ」「自己組織化」「過程」「有効性」「目

# 第7章 ホスピタリティ志向による効率化

的化」といったイメージを含み、システムを環境との相互作用の中で常に学習し、自らを再組織化していく生き物として見るのである。

効率化の手法にホスピタリティ精神を取り入れることにより展開プロセスがどのように変わるかを検討し、「効率化対象業務の設定」のあり方について考察する。

## ③守りの姿勢から攻めの姿勢へ

仕事をマネジメントするとは、「内外の状況の中からある目的のために、あるスタンスに立って、有効性を保持するやるべき課題を発見・創出し、その目標を設定し、そのために最も効率的なシステムを考え、そのシステムを実行するために必要な情報を確保することを考え、計画化し、実践・運用していくこと」である。

これはとりもなおさず、自分で自分の仕事をマネジメントすることに他ならない。仕事や課題は与えられるものではなく、自らが創っていくものである。

**図表7-3** ホスピタリティ志向による効率化の方向性

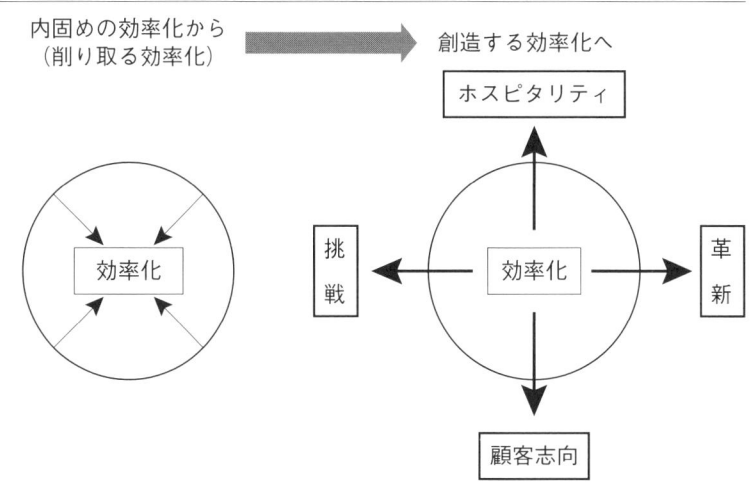

内固めの効率化から
（削り取る効率化）
　　→　創造する効率化へ

効率化 → ホスピタリティ／挑戦／革新／顧客志向

今まで展開されてきたコストダウン、業務削減、人件費削減といった「削り取る効率化」(内部固め)から、あるべき像の業務に現状を近づけるために新たな業務を創出、または現状の業務改革を検討する「創造する効率化」(相手のために負荷を負う、革新的・挑戦的、ホスピタリティ精神)への展開が必要となる。(図表7－3)

## 2. 顧客に向けたホスピタリティ・マインド

### ①顧客満足経営の背景

　戦後の日本の企業活動がどこにウェイトを置いてきたのかを振り返ってみると、生産性重視の時代からセールスの時代、マーケティングの時代、顧客第一主義の時代へと変遷してきた。
　マーケティングの捉え方は、時系列的にいくつかに細分化してみることができるが、基本的には大きく2つに分けることができる。
　それは、プロダクト・アウト (Product-out) からマーケット・イン (Market-in)という考え方に変わってきたということである。(図表7－4)
　この二者を戦後の時代で区分すれば、プロダクト・アウトは戦後の復興期から高度経済成長期まで主流であった概念である。戦後のモノがない時代は供給者よりも需要者が多く「作れば売れる」という姿勢が主流であった。市場のことは考えずに、いかに大量に低コストで生産できるかを追い求め価格や機能については企業側が主導権を握っていた。すべてが「企業側発想」で動いていた時代である。
　他方、マーケット・インは経済低成長期時代以降に出てきた概念であり、大量生産大量消費により市場が飽和状態となり、需要者よりも供給者が増加して「作っても売れない」状態となった。いかにして購買してもらうかを考えた場合、「売れるものを作る」ことが重要であって、そのためには「顧客側発想」に立ち、顧客のニーズを把握する必要性が出てきた。マーケッ

ト・インは、現在のマーケティング概念の中心をなしている。

**図表7-4** プロダクト・アウトとマーケット・イン

| プロダクト・アウト<br>（Product-out） | マーケット・イン<br>（Market-in） |
|---|---|
| ・「作ったものを売る」姿勢<br>・技術レベルの高い商品しか作りたがらない<br>・商品さえよければ売れるはずだと考える<br>・売れないときは営業の責任と見る<br>・技術・生産部門の発言力が強い | ・「売れるものを作る」姿勢<br>・ユーザーの状況に関心が強く、ニーズに合う商品を作る<br>・売れるための諸要件を検討する<br>・商品、営業、体制のいずれかに問題があると考える<br>・市場を軸にして技術、生産、販売の協力体制を作ろうとする |
| **企業側発想** | **顧客側発想** |

出典：浜田芳樹著『インダストリアル・マーケティング戦略』サンマーク出版を元に著者作成

　マーケット・インにおける顧客側発想を効率化として展開するとき、「顧客は誰か」を特定しなければ焦点がずれてしまう。A社なのかB社かを限定することが重要ですべての顧客がお客様ではない。

　内部効率化の場合の顧客とは自社の部門を意味する。

　顧客が特定できなければ、効率化への問題点の出しようがない。さらにはホスピタリティの創造も曖昧なものとなってしまう。自分たちにとって効率化を対象とする「顧客とは誰か」を明確にし、その特徴を把握することが必要となる。

## ②組織にとっての顧客とは（顧客像の確立）

　効率化として何を課題とし、その達成のためにどのような対策・シナリオでいくのかを考えていくときに、貢献対象顧客を決めておかないと課題も対策も絞り込めずに抽象化してしまう恐れがある。

　顧客に関してドイツの実業家アルブレヒト・カール（Karl Albrecht）は、

「外部顧客」と「内部顧客」があると論じている。

　自社の製品・商品を購入していただき売上を計上していただけるお客様が「外部顧客」である。

　「内部顧客」とは、社内にもお客様が存在するということを意味する。自分の業務をバトンタッチする次工程にある部門が自部門の顧客である。人事部のお客様は社員全員であり、社員が満足して仕事ができるように人事制度や福利厚生などを考えるのである。

　効率化の場合は、内部顧客（自部門が支援すべき部門）を捉える。第一線のフロントラインが、外部顧客にとって最大の支援者として機能するためには、フロントラインを支援すべき諸部門が彼らを顧客（内部顧客）と捉え、セクショナリズムに陥ることなく、フロントラインの便益を最優先するという意識が醸成されなくてはならない。

　企業内部の従業員が、「内部顧客」を重視するようにならない限り、真の顧客志向の経営というものは生まれ得ない。

　部門間に垣根があるとすれば、それらを取り除き敵対視している部門を受け入れ、対等な関係性を構築し、他利を思考することがホスピタリティ組織でもある。

　たとえば電力会社の場合、各部門が長期間にわたり「効率化計画」を打ち出してきた。そのほとんどは自部門の仕事さえうまく効率化できればそれでよいという発想で展開され、効率化の負荷は次工程の部門にしわ寄せを与えていた。最終的にこのしわ寄せは末端のフロントラインに集中し、内部作業の増加により外部顧客へ対する満足提供をする暇がない状態に陥った。全社的に見た場合、ほとんど効率化の成果が出ていないということが反省点として残った。

　電力会社の場合は、発電部門・送電部門・変電部門は、顧客から遠い場に存在するので顧客意識は薄い。現場に近い配電部門が顧客に対してアプローチをすればよいのだという発想であった。

　しかし、内部顧客意識を重視することにより、この発想は変わる。発電部門の顧客は自分たちが発電した電気を送り届けてくれる送電部門が顧客

である。だから、発電部門としては送電部門へ仕事が進めやすい形にしてバトンタッチすることが求められる。同様に送電部門の顧客は送り込んだ電気の電圧を変換してくれる変電部門が顧客である。変電部門の顧客は配電部門であり配電部門の顧客はエンドユーザーであるという意識に変わる。各部門が誰のために何をしなければならないかが認識でき、全部門での総合的活動が実現できる。

　働くということは、「『はた（傍）をらく（楽）』にすること」という言葉の意味の大和言葉である。組織の中で上流工程も下流工程もお互いの立場を考えて楽に楽しく仕事をしていける環境を作り上げれば、全体のモチベーションも上がり、顧客サービスの向上にもつながる。職場ごとに仕事に不満を抱え、ヤル気がない、自部門の実態しか見ない、という組織は効率化も成果が出ず、外部顧客にとっても快適な企業ではないということである。

**図表 7-5** 削り取る効率化と創造する効率化の違い

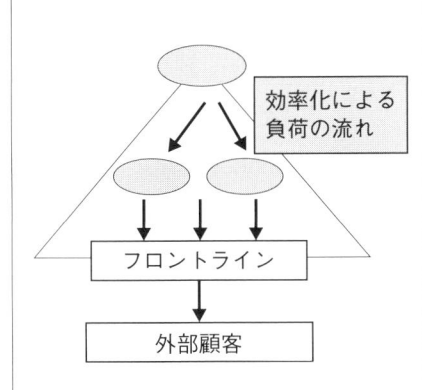

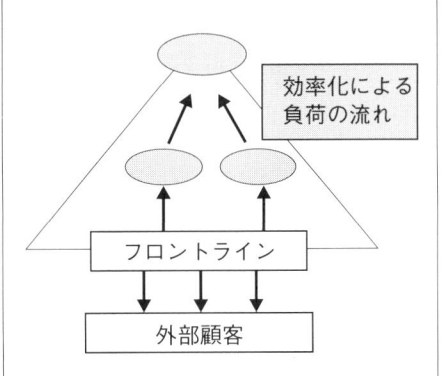

| 削り取る効率化と外部顧客意識<br>（内固め） | 創造する効率化と内部顧客意識<br>（ホスピタリティ） |
|---|---|
| 効率化による負荷の流れ（上から下へ）<br>↓<br>フロントライン<br>↓<br>外部顧客 | 効率化による負荷の流れ（下から上へ）<br>↑<br>フロントライン<br>↑<br>外部顧客 |
| 自部門さえ効率化ができればいいと考え、そのしわ寄せはすべて現場へ向かう。現場は負荷業務が増え外部顧客へ満足提供ができない。 | 内部顧客の業務負荷が少なくなるように自部門が負荷を抱える。現場の仕事はスムーズになり外部顧客へ満足提供ができる。 |

削り取るだけの効率化から、内部顧客の満足のために付加を負うという発想がホスピタリティ精神であり、自部門が顧客部門の付加を負ったとしても、自部門を顧客対象としている他部門が自部門の付加を負ってくれる。付加をお互いが負いあってプラスマイナスがゼロとなり、その結果として残るのは満足である。（図表7－5）

　これはホスピタリティの基本原理である「相互性の原理」「多元的共創の原理」に合致する考え方である。具体的にいうと、創造する効率化を展開すれば職場環境が快適になり、これがES（従業員満足）へとつながる。

## ③効率化の視点：機能・目的

　職場の効率化を検討するうえで2つの視点が存在する。業務そのものの機能に注目する視点と業務の流れから効率化を見ていく視点である。まず、業務そのものの機能を見る視点について考える。

　効率化を推進するために、各社は血の滲むような努力をしている。特にコストダウンは、企業の競争力強化のうえでも欠かすことができない視点である。

　もちろんこのような活動は、一職場だけの活動で済むことではない。設計の基本構想時点からそれぞれの管理手法を活用して（QC、IE、VE等）一銭でも安くなるように全社的努力が行われ、その結果、市場での競争力の発揮につながるものである。

　効率化とは、目的に対しての手段に何らかのムダ・ムリ・ムラが生じている、これらを極力なくしていくための活動である。そのためにIE・QC・VEが典型的な管理手法として登場し活用されているが、これらの特徴は次のようにいえる。

- IE手法（Industry Engineering）
   　現象を数値で捉えて改善していく
- QC手法（Quality Control）
   　現象を起こしている原因に着目して改善していく

- VE 手法（Value Engineering）
　機能（目的）に着目して抜本的改善をしていく

　ホスピタリティ志向による効率化では、VE 的なアプローチを基本として検討する。つまり、効率化を推進する活動の中心に「誰のために何をするのか」を据え「目的・機能」に着目する、その手段を改善することで効率を確保するという視点である。
　現実は手段のみに捉われ、結果、効率推進の視点が「資材を変更する」「発注コストを下げる」など固定化することになりがちである。
　また、そもそも効率化推進の課題として設定したテーマそのものが、取り上げる価値のあるものであるかの検討も十分でない場合も見受けられる。これでは、抜本的に価値のある「創造する効率化」にはつながらない。
　ただでさえも業務が忙しい中で効率化方針が出され、職場で効率化を展開して結果を報告しなければならない。そのようなときに目をつけてしまうのが、些細な業務で容易に効率化ができ、他部門も取引会社も異論を唱えない重要度が低い業務を効率化しようとする。
　そもそも、そのような業務を効率化すること自体に非効率な作業が発生するわけで、効率化の有効性から見たら何の成果も出さないばかりか、さらに業務を複雑化させる。
　効率化推進として設定した課題に有効性があるかを検証するためには、VE 的な発想が必要となるのである。

**図表 7-6　目的・機能の効率化推進の課題**

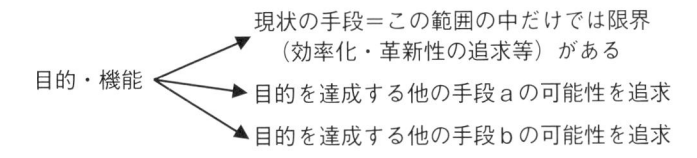

目的・機能
→ 現状の手段＝この範囲の中だけでは限界（効率化・革新性の追求等）がある
→ 目的を達成する他の手段 a の可能性を追求
→ 目的を達成する他の手段 b の可能性を追求

　今の業務を俯瞰した場合、現状の手段だけでは限界があるのではないか。

そう考えた場合、目的・機能を達成するためには、他にどのような手段を講じればよいのか。その他に別のアプローチの仕方もあるのではないか、と発想を広げていくことが必要となる。(図表7-6)

このようなアプローチをとるためには、いきなり「効率化推進のテーマに取り組む」のではなく、原点・源流に立ち返って（ゼロベースで）検討を進めることが必要となる。

## ④効率化の視点：業務の内容

業務の効率化の課題を見つけたり具体的な対策案を考えていくためには、業務を漫然と捉えていたり固定的なものの見方をしていてはうまくいかない。

まずは効率化推進の対象となる、①業務の価値そのものを問い直すこと、次に②業務のどこを効率化すれば良いのか、その内容を幅広く検討することである。

そのためには、その業務のインプット、プロセス、アウトプットに着目し、図表7-7に示したような観点をもれなくチェックしてみることである。

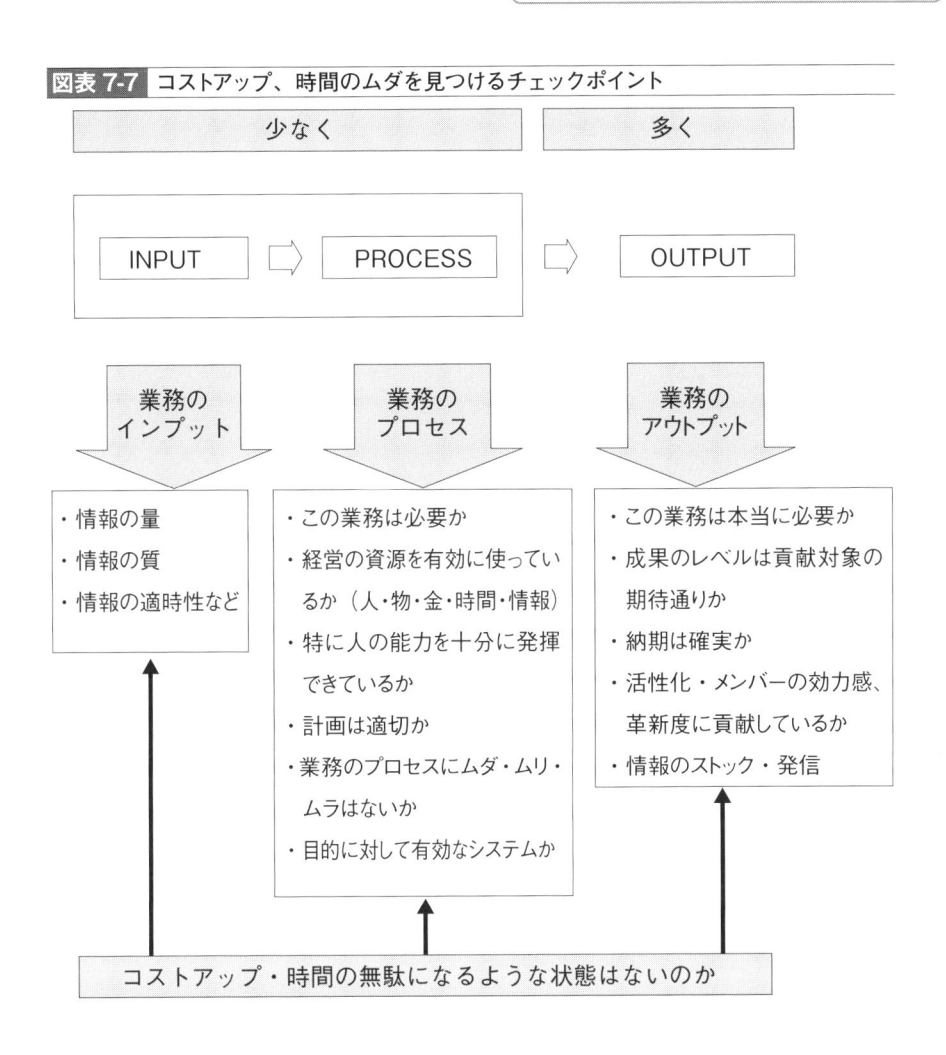

### 図表 7-7 コストアップ、時間のムダを見つけるチェックポイント

少なく　　　　　　　　多く

INPUT → PROCESS → OUTPUT

**業務のインプット**
・情報の量
・情報の質
・情報の適時性など

**業務のプロセス**
・この業務は必要か
・経営の資源を有効に使っているか（人・物・金・時間・情報）
・特に人の能力を十分に発揮できているか
・計画は適切か
・業務のプロセスにムダ・ムリ・ムラはないか
・目的に対して有効なシステムか

**業務のアウトプット**
・この業務は本当に必要か
・成果のレベルは貢献対象の期待通りか
・納期は確実か
・活性化・メンバーの効力感、革新度に貢献しているか
・情報のストック・発信

コストアップ・時間の無駄になるような状態はないのか

# 3. ホスピタリティ志向による効率化の展開

### ●●● ①組織ミッションの確認

ここまでで、ホスピタリティ志向による効率化の概念は理解できた。次は効率化実施における手順を解説していこう。

効率化を推進する課題解決行動には、リーダーだけでなくメンバーのエネルギーもそれなりに求められ、その他の経営資源の投入も求められる。
　効率化推進活動に入る前に、それだけの価値のある対象であるのかどうかの確認が必要である。

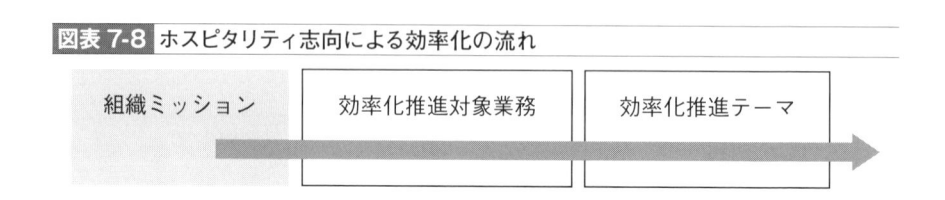

**図表 7-8** ホスピタリティ志向による効率化の流れ

| 組織ミッション | 効率化推進対象業務 | 効率化推進テーマ |
| --- | --- | --- |

　それぞれの業務は、職場のミッションを達成するために存在する。ミッションとは顧客の期待や要求に応えたり、抱えている問題を解決するための目的である。（図表7-8）

　組織ミッションとは自身が所属する組織が、全体組織・様々な「ステークホルダー」との関係の中で、「存在理由」や「存在価値」を確固たるものにするために担うべき「革新的な役割」のことである。ミッションとは本来「使節（団）・伝導（団）」のことをいう。伝導には与えられた使命・役割・任務があり、それを果たすことにおいて、そもそもの存在の価値を明示できるものである。

　組織ミッションも全く同じことである。自組織の存在理由・価値とは、自組織が他組織・他者（顧客）に対して果たすべき「基本機能」（その機能を自職場から取り去ってしまったら自組織の存在の理由・価値が無くなってしまうような機能）である。たとえば、ライターから「火をつける」という機能を取り去ってしまったら、ライターの存在価値はなくなる。

　組織ミッションとはまた、自組織のなすべき仕事を明確に打ち出すことでもある。明確に打ち出す以上、その固有性が明らかにされていなければならない。「収益を上げる」など、どの部門にもいえるような表現であってはならない。

　組織ミッションは、図表7-9に示した要素で表現される。

**図表7-9 組織ミッションの要素**

| ①支援先・貢献対象（顧客） |
|---|
| われわれの組織は誰を、またはどの組織を支援しようとしているのか？ |
| ②支援先・貢献対象の期待 |
| 貢献対象の我々への要求は？　抱えている問題は？<br>掲げている課題・目標は？ |

　時代が変わり、環境が変わり、組織が変わっていく中で、ミッションもまた変わっていくものである。一度原点に返って確認する必要がある。このことによって組織活動、たとえば「効率化推進活動」を方向づけることができる。さらに業務の重点化が明確になり、メンバーの動機づけにも貢献する。

■対象業務の洗い出し

　効率を目指して活動するテーマ設定は、原点に返って現状の①業務を洗い出し、②その将来的な重要性を判断し、③それに投入している現状の資源投入量から、それぞれの業務のポートフォリオを作成し、開発と焦点領域に位置づけられる業務の中から特定な業務を選択していく。

　ミッションを達成していくために、現在自部門で行っている「業務」を洗い出す。その際、次の4つの観点で洗い出す。

〔A〕認識サブシステム

　目的の実現に先立ち、基準や水準などを明確にしたり、定義したりする業務機能のこと。

　　例：システム本部の場合
　　　◇対象業務を分析する
　　　◇情報システム化の対象領域と期待効果を設定する
　　　◇現状の情報システムの問題点を把握する

〔B〕調達サブシステム

目的の実現に必要な能力や資源を入手したり、蓄積する業務機能のこと。

〔C〕オペレーションサブシステム

目的実現に向けて能力や資源を組み合わせたり、認識サブシステムの基準水準に照らし合わせて、それらの組み合わされた能力や資源を運用する業務機能のこと。

　例：システム本部の場合
　　◇情報システム化提案を行う
　　◇情報システムを開発する

〔D〕モニター＆コントロールサブシステム

サブシステムの活動の進行を監視し、統制する業務機能のこと。内容としては、有効性（顧客と上位組織に対して）をチェックする業務、効率性をチェックする業務からなる。

　例：システム本部の場合
　　◇情報システムの問題点を把握し、改善する
　　◇開発計画に基づき、システム構築の進捗を管理する

## ②効率化対象業務決定のポートフォリオ

自部門での実施業務の棚卸しができたならば、効率化を推進する対象業務を決定する。（図表7－10）

効率化を推進する対象となる業務を検討するための鳥瞰的なマップを提供するのが、ポートフォリオである。ポートフォリオでは縦軸に業務課題のミッションから見た自部門の顧客にとっての重要度、または将来性から見た重要度を取る。横軸に対象業務に対してのヒト・モノ・カネ・時間・情報といった諸資源の現時点での投入量を取る。重要度と投入量はともに必ずウェイト付けを行う。

このフレームで重要なことは、意思決定の軸に相手の意思が反映されているということである。通常は自部門の事情だけで処理をしてしまいがちであるが、相手の状況を加味するという他者認識が含まれていることが、

ホスピタリティ的な志向であるといえる。

　このフレームをベースに、ミッションを達成していくために現在自部門で行っている業務を基にして、抽出された自部門の業務をポートフォリオにプロッティングする。

　プロッティングされた象限の定義は、以下のとおりである。

**図表 7-10** 効率化対象業務決定のポートフォリオ

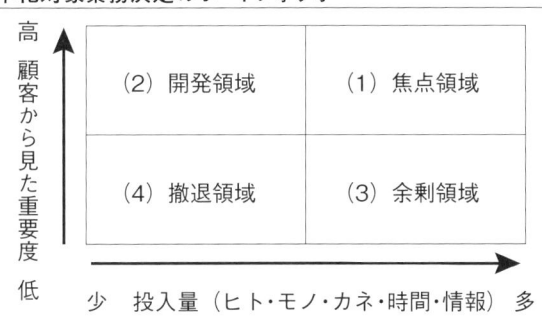

|  | 投入量 少 | 投入量 多 |
|---|---|---|
| 顧客から見た重要度 高 | (2) 開発領域 | (1) 焦点領域 |
| 顧客から見た重要度 低 | (4) 撤退領域 | (3) 余剰領域 |

横軸：投入量（ヒト・モノ・カネ・時間・情報）

## （1）焦点領域

　この象限に位置づけられる業務はミッションなどと密接につながっており、現在から将来にかけても重要度や貢献度が高く、投入量も多い。職場の使命を支えている焦点業務だといえるので、一般的にその重要性などは明確に認識されていて一見すると問題はない。しかし、この領域でも常に見直しをし、より一層のコストダウン、高品質追求、ハイスピードを実現すべく努力すべきである。効率追求対象業務となる。

## （2）開発領域

　大切であるにもかかわらず、投入量が少ないのが特徴である。余剰領域とは逆の意味で問題が多い領域である。職場チームが将来にわたってその使命を達成していくためには、この領域での業務開発・改善が急務となる。効率化推進の対象となる。

（3）余剰領域

　現時点であれ将来的であれ、重要度、貢献度が低いにもかかわらず現時点での投入量が多いことが特徴であり、問題が多い領域である。将来大切となる業務に資源を集中的に配分していくためには、この領域を思い切って整理する必要がある。業務目的に対して必要な資源をどのような方法で投入すれば最も妥当性があるかを検討することが必要である。

（4）撤退領域

　この領域に位置づけられる業務は、将来的な重要度、現時点での重要度も低く、資源の投入量も少ない。なぜ行われているのかを疑ってみる必要がある。本来、自部門が行うべき業務ではないものが紛れ込んでいる場合もある。廃止まで含めた見直しが必要であり、効率化推進の対象業務にはならない。

　この領域は顧客からの重要性が低く、業務の変更に関してまったく異論が出ない。そして、資源投入量もほとんどかかってない状態なので、簡単に短時間で効率化が実行できる。本来業務が多忙にもかかわらず効率化方針に従わざる得ない場合は、この領域から対象業務を選定し小手先で改善し終了報告をする。

　しかし、この領域の業務を効率化すること自体が、非効率的な作業が発生するということを認識するべきである。


　厳密な位置づけをすることは難しい部分もあるが、現時点での主な業務がポートフォリオとしてまとめることができたら、このマップを検討して、
　（1）特に焦点領域に位置づけられる業務に着目する
　（2）顧客満足との関係、下位者の効率化計画などを背景に複数の業務をピックアップし、その中から特に一つを選択する。
　これが「効率化推進対象業務」となるのである。
　ホスピタリティ志向においては、焦点領域に位置づけられた業務に対してどのように効率化をするかという発想ではなく、文脈を読み替え、逆に

効率化を妨げている原因は何かを検討する。

そのためには、欠点列挙法を使って「効率化推進対象業務」について効率上の問題点を洗いざらい出してみる。出てきたものをまとめ、重要な問題点を「効率化推進テーマ」として設定するのである。

## ③欠点列挙法の活用

欠点とは、不便、不具合、短所など「不」や「非・否」のことであり、一言でいえば、あるものごとに対する「問題点」のことである。問題とは「現状レベルと基準との差」である。

あるものごとに対する欠点・問題点を様々な角度から強い問題意識を持って列挙していくことによって、今まで気がつかなかった欠点・問題点を、創造力を発揮して発見しようとする技法である。

創造力を発揮するということは、問題・課題を発見すること、アイデアを創出することを含むが、このどちらにも鋭い問題点・欠点の指摘が必要である。

問題・課題を発見するためには、積極的に欠点・問題点を探っていくことによって、今まで気がつかなかったものに気づくことができる。アイデアを創出する場合、対象についてアイデアが出せるということは、意識的にせよ無意識的にせよ、欠点や問題点に気づいているからである。自己肯定が成立していなければ、潜在的な問題に気づくことができなければ、アイデアも創出できない。創造力を発揮してたくさんのアイデアを出していくためにも、欠点・問題点の指摘は必要である。

それには欠点・問題点に気づくことがポイントであるから、重要な欠点であるかどうかの判断をすることなく、まずは列挙してみることである。その意味では、BS法（ブレインストーミング法）の４つの規則（①出されたアイデアは批判しない、②奔放なアイデアを歓迎、③アイデアは多いほど良い、④出されたアイデアの改善や組み合わせを歓迎）の適用は必要である。

「欠点列挙法」は別名「逆BS法」とも呼ばれる。BS法が対策案を創出するのに対して、欠点列挙法は欠点・問題点を列挙する、BS法と逆のイメージである。

　ホスピタリティではこのようにしばしば、読み替えという思考を使用する。相手の立場に立って、敵を見方として、あるものをないものとして見て、といったように仮説を思いつくままに提起する示唆的な段階と、それらの仮説の中から最も正しいと思われる仮説を選ぶアブダクション的な思考を多用するのである。

　この時点で「効率化推進テーマ」が抽出できた。「効率化推進テーマ」とは、顧客から見て重要であり負荷がかかっている業務の効率化を妨げている阻害要因である。「効率化推進テーマ」がクリアできれば、阻害要因は取り除かれ「創造する効率化」がよい状態で達成できるのである。

　ここまでのプロセスがブレなく行われたら、後は通常の問題解決手法を使って「効率化推進テーマ」の解決策を抽出し、実践すればよい。

　これらの手順を踏まずに効率化を進めると、削り取る効率化に終始してしまい組織全体が不調和をきたす。創造する効率化を実践することにより各部門との連携が強化でき、全社的にあるべき像へ進んでいく可能性を開くことができる。

　ホスピタリティとはWell Beingであり、安寧、幸福、繁栄を意味している。組織全体が安寧で繁栄し、そのうえで効率化が達成できれば理想的な組織ができあがるのである。

# 4. ホスピタリティによって職場を革新する

　この効率化は一度達成してしまえば終わりという発想ではなく、問題意識を持ちながら常時職場を見回し、効率化課題を形成することが必要である。まず、現場のメンバーは自組織を俯瞰し、相手部門の立場で思考し、ホ

第7章 ホスピタリティ志向による効率化

スピタリティ課題を構築し、それを他のメンバーに伝える。組織を動かすには一人の力では無理なので、プロジェクトチームなどを構成し推進する。それには、メンバーの納得性と参加性を高めるためにしっかりと伝えることが重要となる。そして、そのチームを確実に動かし、問題解決をはかっていく。結果として組織における問題解決が成立し、職場が変革していくのである。この連鎖をここで止めることなく更に考え、新しい課題を模索し、このサイクルをスパイラル状に高めていくことが求められる。

その中心となるのがホスピタリティ精神であり、誰のためにやっているのか、それをやることによって何を目指すのかを明確に意識しながら推進しなければ、内向きの施策で終わってしまうのである。

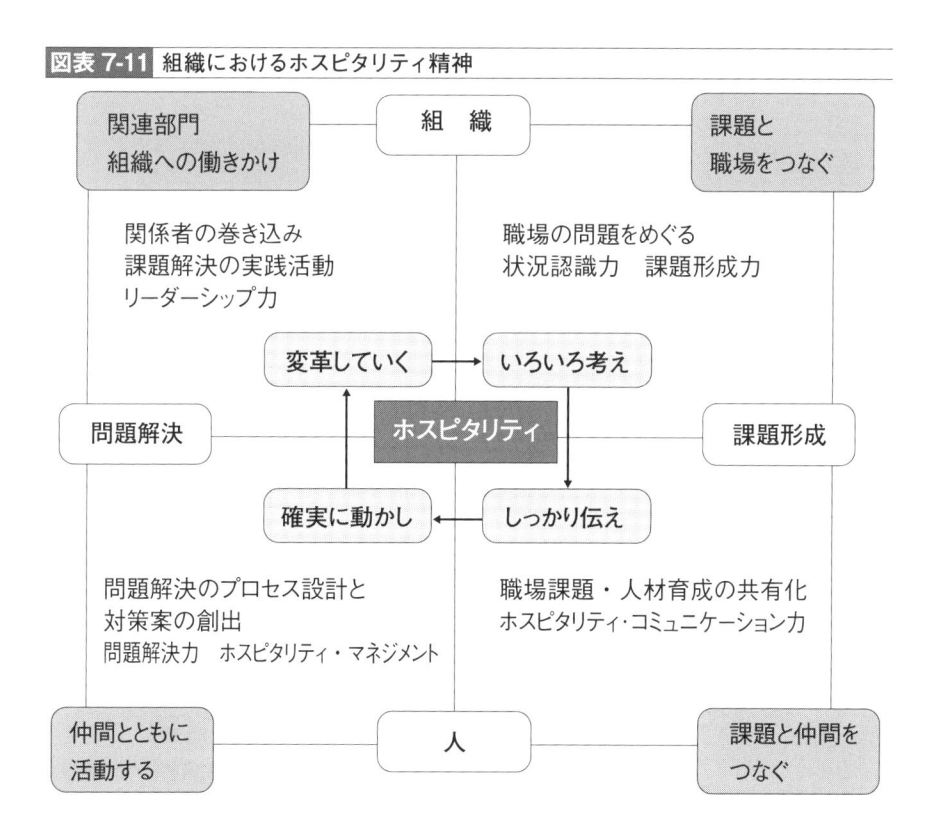

**図表 7-11 組織におけるホスピタリティ精神**

| 関連部門<br>組織への働きかけ | 組　織 | 課題と<br>職場をつなぐ |
|---|---|---|
| 関係者の巻き込み<br>課題解決の実践活動<br>リーダーシップ力 | | 職場の問題をめぐる<br>状況認識力　課題形成力 |
| 問題解決 | 変革していく → いろいろ考え<br>ホスピタリティ<br>確実に動かし ← しっかり伝え | 課題形成 |
| 問題解決のプロセス設計と<br>対策案の創出<br>問題解決力　ホスピタリティ・マネジメント | | 職場課題・人材育成の共有化<br>ホスピタリティ・コミュニケーション力 |
| 仲間とともに<br>活動する | 人 | 課題と仲間を<br>つなぐ |

# 第7章のまとめ

① 環境の変化に合わせて効率化の考え方も変えていかなければ、非効率な作業が増大する。

② ビジネス全体が顧客側発想を基準としているため、内部的にも顧客側発想の思考が必要とされている。

③ 内固めの効率化で成果を出すには限界がきている。創造し、革新する効率化が求められている。

④ 内部顧客への貢献が「創造する効率化」であり、削るだけではなく付加を負うという発想がホスピタリティ精神である。

⑤ ホスピタリティ精神を持って顧客に対して何をしなければいけないかを検討することにより、新しい効率化の道が開かれる。

⑥ 組織ミッションを確認し、有効性を持った「効率化推進テーマ」を抽出するためには、VE的な発想が求められる。

⑦ ホスピタリティは通常の読み方を変えることが常であり、欠点列挙法もその範疇である。

⑧ 効率化推進上の問題点は、他責で捉えるのではなく自責で捉え、みずからが動くことによって解決の方向性が見出される。

⑨ 過去の「削り取る効率化」から「創造する効率化」へ発想を変え、顧客に対する満足提供を第一に考えることにより、安寧、幸福を見据えた全社的な効率化が達成できる。

⑩ 常時、職場を俯瞰し、新しい効率化課題を発見し、達成することにより、職場は革新を遂げていく。ホスピタリティは自己革新であり、職場革新でもある。

# 第8章

# ホスピタリティと人材育成
~ホスピタリティを人材育成に活かす~

　人材のことを「人財」と表記する企業が増えている。たしかに組織の財産は人であり、人によって組織活動が成立している。その「人」をどのように育成をしていくかが大きな課題となっている。
　しかし、景気の変化によって、組織は人材育成の課題を忘れ去っていく。不況期には3Kといわれ交際費、交通費、教育費が真っ先に削減の対象となり、好景期には業務が多忙となり教育をする暇がなくなり、結局は人財に対しての投資が手薄となってくるのである。
　ホスピタリティ精神を高めるためには、人材育成は必須である。
　現状のホスピタリティ人材の育成というと、サービス、マナー、言葉遣い、クレーム対応などといった偏った教育しかされていないのが現状である。全社教育として考えた場合、フロントラインには有効ではあるが、管理部門、製造部門、開発部門などに関しては、有効性が感じられないという問題が発生する。組織のホスピタリティ文化を形成するためには、育成手法を根本的から見直す必要がある。

# 1. 人材育成の考え方

　社会人の学びはそのほとんどが仕事を通じたものといわれているが、自分の幅を広げたり能力を深めたりするためには、新たに知識やスキルを得ることも大切である。学びあい、教えあう風土を築くことで、社員の成長を実現し、自らが生きる喜びを組織に反映できる人材が育つのである。

## ①昔からあった日本人の科学的育成法

　日本人は昔からおだてて働かせるということを志向してきた。織田信長も豊臣秀吉も徳川家康も皆そうだった。

　家康は秀吉の使用人に聞いた。「秀吉という男はどういう男か」「別に普通の人ですけれど、違うところはあの人はちょっとしたことでも、こちらが恐縮するほど褒める人です」。褒めることにより皆一生懸命になる。秀吉のエピソードの中で有名な「三日普請」も褒めておだててやらせたのである。

　秀吉がまだ木下藤吉郎という名で馬の世話係である厩衆の一人に過ぎない時期である。あるとき、織田信長の居城である清洲城が暴風雨のために、外曲輪の城壁が百間（180 m）以上も崩れた。大工、左官、土工、石工など大勢の者が城内にはいって工事をするが、少しもはかどらなかった。そこで藤吉郎が主君信長に対して「三日のうちに城壁百間の修復をやってみせます」と言い放つのである。

　30日から50日間はかかるだろうという普請であるが、藤吉郎は城壁百間を50組に割付け、一組の持ち場を二間とし一組を大工3名、左官2名、石工など5名、計10名をもって組織し、五組に1人の棟梁を置いて、指揮・監督に当たらせた。その他に遊軍として材料運びなどの雑用部隊をつけた。石垣職人などの熟練工には彼にしかできない仕事に専念させるなど分業制

を導入した。

　作業にあたっては、拍子木と太鼓で休息と取り掛かりのリズムをつけ、現場の惰気を一掃した。

　そして、職人達に今の世の中がどんな世の中かをよく説明し、信長のためよりも自分達の家族を守るために働くのだと一人ひとりにヤル気を持たせた。さらに、「お前たちの実力なら三日で片付けられるはずだ。だから、今日は休め」と言って御馳走をし、酒を飲ませる。早く終われば奨励金を出すことをした、今でいうモチベーション（動機づけ）という科学的な根拠に基づいて秀吉が展開したことである。

　近代になり人間関係（Human Relation）という考え方がアメリカから導入され、何か新しい手法が開発されたかのように錯覚されたが、何百年も前から日本で行われていたわけである。

　人間は何かをするときはいつも「自分が主体となり、自分自身をコントロールしているという感覚」と「誰かに動かされ、使われているという感覚」の間のどこかに立ってものごとを受け止めている。モチベーションを高めるとは、自分の運命の糸を支配しているのは、他ならない自分自身であり、自分が行動するのは自分がそうしたいからだと感じさせることである。

　そのように感じるとき、人は自分の行動に責任を持ち、また自負心にあふれ、意欲的にものごとに取り組むのである。

　自己を見失わずに現状を確実に把握し、自責で行動をするというホスピタリティ精神に通じる部分があり、「心の良い癖」を伸ばしていくという志向に基づいているのである。

## ●●●　②人材育成の必要性

　昔から「組織は人なり」といわれる。しかし、現実には、ひとたび経営環境が厳しくなると、その言葉が置き去りにされてしまうことも珍しくはない。先にも述べたが、かつての不況期には３Ｋと言われ交際費、交通費、

教育費が真っ先に削減の対象となる例も多く見受けられた。どのような状態にあっても、恒常的に計画的に人材育成を考えていかなければ、よい企業にはならない。

小学生時代に漢字の書き取りや九九など、いやいや覚えた方もいるだろう。

「こんなことをやって何になるのだろう」当時はそう考えたかもしれない。

しかし、今となって考えてみると、そのおかげで読み書きができて暗算ができる民度を勝ち得たのである。教育をおざなりにしたり、教育を受けられない国の国民と比較すると、日本は義務教育のおかげでほとんどの国民が文字を読み書け、計算ができる水準にある。これが日本の底力となっていることは間違いない。

現在でも社内研修に教育ゲームなどを使用する場合もあるが、発祥はアメリカである。様々な言語・教育水準のばらつきにより、文章が読めない、書けない、講義が理解できない、議論ができない人用にゲームを使用し、理解促進をはかるという目的を持っている。

海外に工場を進出するために現地視察として経営者が渡航するが、建設用地見学や親善大使主催のパーティーなどに参加するよりも、現地の労働力である人財がどのように育っているのかを調査するべきである。

少なくとも現地の学校へ出向き、教育の内容、水準、または反日感情の教育の有無について自分の目で確かめるべきである。でないと、1箱に部品が14個入っていて6箱あるが部品はいくつできあがったかという単純計算に時間を費やされてしまう。当然、QCサークル、小集団活動などは不発に終わる。

まさに、人材育成はその時点では役立たないと感じても、恒常的に計画的に続けることが重要である。技術教育などのように受講すれば明日にでも使用できるような速攻的に効果が出るものも必要だが、効果が遅延的に出るもののほうが長期間定着するといわれている。

古来日本では丁稚が奉公に上がると、店は「読み書き、そろばん」を教

えた。これが組織における人材育成の始まりともいわれている。

これを企業に置き換えたらどうだろうか。熱心に人材育成をしている企業と、していない企業との間では、今後、大きな違いが出てくることは過去のトレンドから見て明白のことである。

組織として従業員に教育を提供することは、利他ではなくまわりまわって自利、自社のメリットとして戻ってくるのである。法人におけるホスピタリティ精神の発揮によって、このサイクルが生きてくるのである。

## ③産業界での現状

現代、産業界の職場では、様々な雇用形態、勤務形態、性別、人種が働き、ダイバーシティ化しているといわれている。そして成果主義、業績評価が導入され、即成果を出すことが求められている。その過程において、諸々の弊害が出ていることは前章で述べた通りである。

現在の景気状態でスムーズに組織が推移している代表例としては、ケースで取り上げた伊那食品工業の終身雇用、年功序列型の組織である。

トレンドは繰り返す。1960年代の雇用・評価システムが1990年代に入り否定され新しい仕組みに変わり、現代になって昔のシステムが見直される。車のデザインが丸型から角形になって、また丸型に戻り角形に変わるのと同じように、トレンドとは繰り返し起こる変異型である。

ちなみに40年前はデニム、その後ジーンズと呼ぶようになり、10年前からデニムに戻り、最近はまたジーンズと呼び始めているのである。

伊那食品工業の社是は、「いい会社を作りましょう」であった。

昇格、昇進制度、業績評価制度など、様々な制度を取り入れている企業があるが、その実態は「いい会社」といえるだろうか。その制度、仕組みは順調に運営されているだろうか。若手社員、中堅社員は高年齢社員を敬い穏やかに仕事をしているだろうか。社員は仕事を通じて自分はどのように成長していくかを自らが描いているだろうか。

このように考えると、現状の様々な制度は何のためにあるのかという課題が浮かび上がる。

伊那食品工業の離職率は極端に低く、退職理由の内訳は主に結婚退職である。皆さんの会社の離職率はどうだろうか。

たとえば、福祉施設の場合、離職率は20％を超えている場合が多い。施設長、理事長に対して述べる退職理由は建前を話すことが多い。「資格を取るため」「自分の力を試したい」「勉強をしたい」などである。

しかし、退職の真の理由は、「とにかく疲れた」「賃金の安さ」（仕事の仕組み不全）「職場内いじめ」（風土衰退）が圧倒的である。

企業も同じような課題を秘めているのである。相互支援と相互扶助の欠如が原因である。

いい会社を作るためには、人材育成という「能力開発」が重要である。並行して制度という「仕組みづくり」も必要である。そしてそれらを受け入れ育んでいく「風土」も醸成しなければならない。

さらに、管理者の立場として、それらの方向性を決める「方針」を打ち出すことが大前提となる。

**図表8-1** 組織成長のための俯瞰図

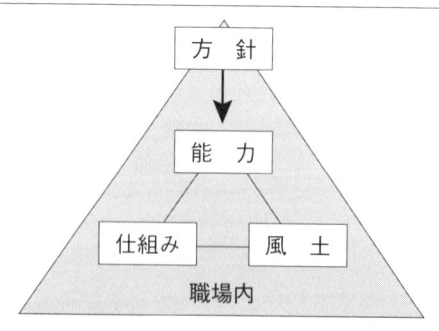

（方針 → 能力 → 仕組み・風土／職場内）

人材育成だけを志向するのではなく、図表8－1の項目を管理者の立場で俯瞰していくことが求められる。

「能力」があってやる気を出したとしても、それを適切に評価する人事

制度上の「仕組み」が成立・運用されていなければ「能ある鷹は爪を隠す」状態となり、持てる力をすべて発揮しない。「風土」と「仕組み」が連動していなければ、仕組みは風土によって潰されるのである。「また、新しい制度ができたらしいけど、うちの会社って新しい仕組みってすぐ頓挫するでしょ。だからこの制度も長く続かないよ」と風土が仕組みを潰しにかかるのである。のちにモチベーションまでも奪われることになる。

そして「風土」と「能力」の関係も重要である。能力がある社員が奮起して仕事をしていると、周りの社員が「あなたががんばると周りが困るんだよ。そこそこにしておけよ」と「出る杭は打たれる」という状態になる。

このように高い能力があるのに十分発揮しない、そこそこの意識で仕事をしている。そのような社員に注目してOJT、Off-JTで「能力」向上の育成強化をしたとしたら、当事者が辛いだけである。当事者は十分な能力は備えているわけであり、課題は本人の能力にあるのではなく「仕組み」「風土」にあるのである。

何度も述べるが、管理者としてしなければならないことは、職場全体を俯瞰して人材育成を「方針」「能力」「仕組み」「風土」の広い視野で捉えることである。ジョブローテーションやOJTリーダーとして指名するなどの「仕組み」で人を育てることもできる。風土が人を育てるという考えは当然のことである。これらを総合的に認識し対応することが、人材育成における現代のトレンドであり、ホスピタリティ的な育成手法である。

## ④ホスピタリティ産業の実態

学校を卒業し企業に就職したあとで3年以内に辞める若者の離職率は、1995年頃から10年余りにわたって高い水準で推移し、中卒者で7割、高卒者で5割、大卒者で3割に上ったことから「7・5・3問題」などと呼ばれてきた。

厚生労働省は、「就職氷河期に就職した若者は、希望の職種に就けず離職率は高かったが、その後、緩やかに景気が回復し求人が増え、希望の仕

事に就いた人も増え、離職率は下がったとみられる」としている。

しかし、厚生労働省の「新規学卒者の離職状況に関する資料一覧」を見ると、意外なポイントが浮かび上がる。

厚生労働省は2012年10月に、大学を卒業してから3年以内に離職した若者の割合を業種別で初めて公表した。

塾の講師など「教育・学習支援」（離職率48.8％）、「宿泊・飲食」（48.5％）がそれぞれ半数近くを占めた。半面、「電気・ガス・熱供給・水道」（7.4％）をはじめ、「製造」（15.6％）、「金融・保険」（18.9％）は全業種平均の離職率（28.8％）を下回り、離職率がきわめて低く、業界により大きなばらつきがあることが浮き彫りとなった。

**図表8-2** 新規大学卒業者の産業別の3年後の離職率（平成21年卒業就職者）

| 産業別 | 離職率 |
| --- | --- |
| 教育・学習支援業 | 48.8％ |
| 宿泊業、飲食サービス業 | 48.5％ |
| 娯楽、生活関連サービス業 | 45.0％ |
| 医療、福祉 | 38.6％ |
| 小売業 | 35.8％ |
| 建設業 | 27.6％ |
| 卸売業 | 26.8％ |
| 情報通信業 | 25.1％ |
| 輸送業、郵便業 | 20.8％ |
| 金融・保険業 | 18.9％ |
| 製造業 | 15.6％ |
| インフラ（電力・ガス・水道） | 7.4％ |

出典：厚生労働省2012年10月発表「新規学卒者の離職状況に関する資料一覧」を基に作成

離職率が高かった業種は、「教育・学習支援」「宿泊・飲食サービス」「娯楽・生活関連サービス」「医療、福祉」「小売」などで、全業種平均（28.8％）を大きく上回っている。

これらはホスピタリティ産業といえる業界であり、ホスピタリティ産業

の離職率の高さをあらわしている。要因としてはホスピタリティ産業の給与水準の低さが挙げられるが、同様の給与水準であっても離職率が低い業界も存在する。

　大きな原因として離職率が低い製造業などはエンジニアリングという理論が成立しており、企業が時間をかけて工学の基本から技術が身につくまで育成していくのに対して、ホスピタリティ産業ではあいさつや身のこなし、マナー、笑顔などのホスピタリティの表層的なレベルの教育しか実施せず、入社直後から現場に出て自分で経験を積んで学ぶという場合が多い。

　言い換えると、企業がホスピタリティ自体をよく理解しておらず、どのように教育してよいのかわからない状態で新人を現場に出し、その結果、新人は現場と顧客との乖離に気づき、なかなか成長を実感できず、悩んで辞めてしまうケースが多い。

　これはホスピタリティ産業にとって中核となる人材が育たないことになり、日本のホスピタリティ産業の将来にとって危機的な状況であることを示している。企業側は教育と並行して若手社員の定着に努力することが重要であるといえる。

　社会を理解し、就業環境を考え、社会が求める能力を理解し、働くことの意義を考えさせることにより自分の人生の歩き方に気づく育成を、時間をかけて実施することが重要となる。

## 2. 即戦力から将来期待できる人材へ

　離職を食い止めるためには正しい育成の仕組みと、正しいことを教えることが必要である。ここでいう正しいこととは、理論的に正しいことは当然であるが、その他に人倫や社会倫理も含まれる。人として何を行わなければならないのか、人間らしさを失わないためにはどのような心掛けが大切なのかを教え、気づかせることである。これらのことが自分のキャリア

形成にもつながり、長い目で自分と組織を見つめられるのである。だが、過去の企業の育成方針は「即戦力」であり、自分を振り返ることよりも、これからの社会人生活を考えるよりも、「まず仕事ができる」ことを第一目標に掲げてきた。

　しかし、今ここにきて、人材育成のトレンドとして育成方針が変化を遂げてきているということがいえる。

　労働政策研究・研修機構で2011年6月に公表された「今後の産業動向と雇用のあり方に関する調査」では、採用、配置、育成、処遇について今までと今後の人材育成展開にあたっての企業の考えがまとめられている。

　これまで重要視されていた「即戦力」から「将来成長が期待できる人材」へと転換しつつある。特に短期的な個々人の成果や専門性など個人に帰属する要素よりも、組織における成果創出や中長期的な能力の発揮に重点が置かれてきている。（図表8－3）

　同調査ではその他に、「将来成長が期待できる人材」の長期安定雇用のメリットとして、
- 「知識や技能の継承がしやすい」（76.1％）
- 「従業員の長期的な人材育成がしやすい」（62.4％）
- 「組織的な一体感を維持しやすい」（60.5％）

が挙げられている。

　逆に長期安定雇用のデメリットとしては、
- 「経済状況の急激な変化に対応することが難しい」（52.1％）
- 「新しい発想が生まれにくい」（46.6％）
- 「従業員が企業に依存しがちである」（40.8％）

などが挙げられている。

　現状においては、長期安定雇用の「メリットの方が大きい」と答えた割合（72.0％）が、「デメリットの方が大きい」と答えた割合（6.2％）を大きく上回っており、あらためて長期的な視点での人材育成が再評価されていることが伺える。

　長期的な視点での人材育成を実現するためには長期安定雇用を実現する

第8章 ホスピタリティと人材育成

**図表 8-3** 今までと今後の人材育成展開にあたっての考え

| | A の考え方に近い／どちらかといえば A の考え方に近い | どちらでもない | B の考え方に近い／どちらかといえば B の考え方に近い | |
|---|---|---|---|---|
| 〈採用〉 | | | | |
| [今まで] A. 即戦力を採用 | 53.5 | 17.7 | 28.2 | B. 将来成長が期待できる人材採用 |
| [今後] A. 即戦力を採用 | 37.8 | 22.6 | 38.5 | B. 将来成長が期待できる人材採用 |
| 〈配置・育成〉 | | | | |
| [今まで] A. 個々の成果 | 28.0 / 28.5 | — | 42.0 | B. 組織の成果があがるように配置 |
| [今後] A. 個々の成果 | 19.7 | 25.5 | 53.2 / 25.0 | B. 組織の成果があがるように配置 |
| [今まで] A. 個々の専門性 | 42.9 | 30.4 | — | B. 組織との相性を見て配置 |
| [今後] A. 個々の専門性 | 36.3 | 32.0 | 29.9 | B. 組織との相性を見て配置 |
| [今まで] A. 個々に合わせる | 74.1 | 36.2 | 37.8 | B. 組織内で総合的に発揮できる育成 |
| [今後] A. 個々に合わせる | 18.7 | 31.4 | 47.8 | B. 組織内で総合的に発揮できる育成 |
| 〈賃金・処遇〉 | | | | |
| [今まで] A. その時々の成果 | 45.7 | 24.2 | 28.9 | B. 長期的な成果を処遇に反映させる |
| [今後] A. その時々の成果 | 36.4 | 26.9 | 35.5 | B. 長期的な成果を処遇に反映させる |

出典：労働政策研究・研修機構「今後の産業動向と雇用のあり方に関する調査」(2011) P19

ことが必要であり、そのためには企業として社員に対して期待する「方針」を、正しくしかもわかりやすく、魅力的に（伊那食品工業のように簡潔な表現で）提示し、「教育体系」とその評価のための「仕組み」や、仕事の衛生要因でもある給与体系、勤務体系、休暇制度という統合的な「仕組み」を構築しなければならない。そして、企業内での自分のキャリアマップを明確に打ち出すことにより「風土」が改善され、長期安定雇用が実現されやすくなる。

　どの会社もこれらの型は整っているが「いい会社」としての実感が少ないのは、型の一つひとつにホスピタリティ精神が投入されていないことが原因であり、その結果としてホスピタリティ文化が成立されていないのである。ハードはできあがっているがソフトが不十分で、本来日本の企業はハードよりもソフトをうまく駆動することが上手であったが、長引く不景気の中で、それを忘れ去り伝承不能にしてきたのである。

### ■ Off-JT の強化策は平等性

　そして、人材育成方法の方針としてOJT（職場内研修）とOff-JT（社外研修）のどちらを重視するかを比較すると、これまではOJTを重視した（74.5％）一方、Off-JTは25.4％にとどまる。（図版8－4）

　しかし、今後ではOff-JTを重視する割合が4ポイント上昇している。

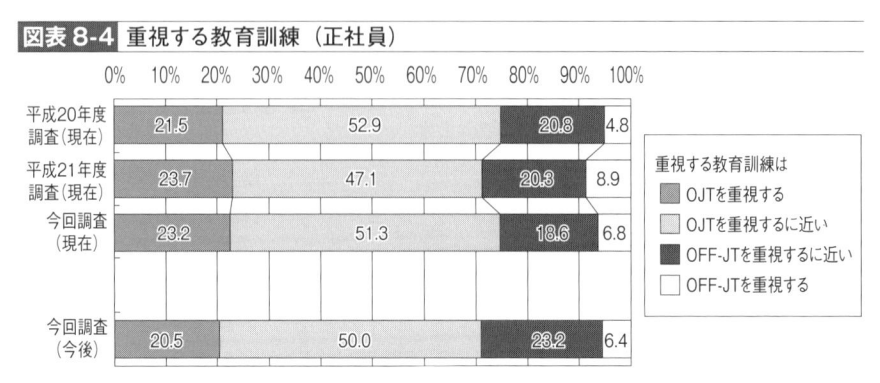

**図表8-4　重視する教育訓練（正社員）**

| 調査 | OJTを重視する | OJTを重視するに近い | OFF-JTを重視するに近い | OFF-JTを重視する |
|---|---|---|---|---|
| 平成20年度調査（現在） | 21.5 | 52.9 | 20.8 | 4.8 |
| 平成21年度調査（現在） | 23.7 | 47.1 | 20.3 | 8.9 |
| 今回調査（現在） | 23.2 | 51.3 | 18.6 | 6.8 |
| 今回調査（今後） | 20.5 | 50.0 | 23.2 | 6.4 |

出典：厚生労働省　平成22年度「能力開発基本調査」結果の概要より

こうした現状を読み解くヒントとして、人材育成に何らかの「問題がある」とする事業所割合が 67.5％あることが挙げられる。

問題点の内訳として、
- 「指導する人材が不足している」（48.1％）
- 「人材育成を行う時間がない」（46.6％）

を挙げている割合が高くなっている。

これらのデータを総合して考えると、次のようなことがいえる。

指導する人材が不足しているという意味は人数的に不足しているわけではなく、指導力を持つ人材が不足していると読むことができる。

まさに成果主義、業績主義で自分中心の仕事をしてきた中堅社員が、新人や後輩を指導する力があるかというと疑問である。

場合によっては、現状の制度下では短期的に成果が出せない後輩指導は割に合わない仕事になるのである。

まさに「心の悪い癖」がメンバーまで下りてきている状況が存在する。

そして、Off-JT を考えた場合、多くの企業にとって潤沢な教育予算がある訳ではないことを考えると、選抜された人材に重点的に投資せざるを得ないことは想定される。

これは教育の平等性から考えると、様々な問題が提示される。

優秀な社員をさらに向上させて次世代リーダーを育成していくのか、能力的に問題のある社員に教育を与えて底上げをするのか、方針次第でホスピタリティにおける平等性のムラが発生するのである。

本来、教育は平等性が基本であることは、日本の義務教育を見ても明らかである。

組織全体で捉えると、一部の人材を育成しても、企業全体の競争力が高まることはないということである。

前述した、義務教育で嫌々であってもすべてを平等に継続的に提供することで、全体の底力が増してくるのである。ホスピタリティは人倫であって社会倫理であることを念頭において、戦略なり事業計画を構築する。前

提の倫理をなおざりにした戦略、計画は軌道が外れ、間違った方向へ進む可能性を秘めている。組織においても人としての前提となる教育はすべて平等に与え、全体のベクトル合わせを行い、真の総合力を発揮することが必要となる。

また、今後については、指導者不足、育成時間不足の現場でのOJTを多少なりとも補完する意味合いで、Off-JTを効果的に活用したいという意図が働いているのではないかと思われる。

Off-JTの利点は、どのような仕事にも必要な基本的ビジネススキルのエッセンスを、プロの講師から学べることにある。

また講師のみならず、業種や職種を超えた他社からの受講者との意見交換からも大いに気づき、学べることも利点の一つとなる。

教育予算が限りあるなか、現場が激務に追われている状況において、どのようにして社員全体を底上げしながら方針にあった人材を育成していくかがポイントとなる。そのためにはOJTにOff-JTを補完していくことで、視野を広く持つ効果的な人材育成施策を展開していくことが必要である。

# 3. 教育投資の価値

産業能率大学では2010年7月に「経済危機下の人材開発実態調査〜企業と個人の2つの視点から〜」を発表した。

調査結果では、正規従業員に対する一人当たりの教育に対する年間平均投資金額は3.7万円だったが、規模で見ると「1,000〜3,000人未満」が4.92万円と最も高くなっている。

規模が大きいほど一人当たりの投資額が高いとはいえないが、経済危機下の状況においても多くの企業が正規従業員に対する教育投資の安易な削減については慎重な姿勢がうかがえる。

未だ景気の先行きに不透明感が漂う状況だが、調査結果を見る限り、正規従業員に対する教育投資を堅持しようとする姿勢が強いと見ることができる。

バブル崩壊後の一時期は教育投資のドラスティックな削減を行う企業が散見されたが、その後1990年代後半の円高により教育投資の削減が起こり、リーマン崩壊の時点でも同じような状況が発生した。

教育投資削減後の数年間は立ち直りに時間を要したが、トレンドは繰り返すのである。

しかし、これらの事象から組織は学習し、今回の経済危機下においては組織能力の維持・強化に向けて中長期的な効果を重視し、人材開発に対する継続性を重視している企業が多いといえる。

教育は継続性と平等性が基本であり、すべての社員が教育を受ける権利を持っている。この思想を堅持することにより、ホスピタリティにおける人の個性化、多様化、高質化、人間知性化が実現できる。

あくまでもホスピタリティは仕組みやマニュアルで人を動かすのではなく、一人ひとりが状況にあわせて考えて情報創造と価値創造をしていくことである。

## 4. 育成するホスピタリティ能力

企業をはじめとする組織は今、社会構造の転換、グローバル化の進展、技術の革新、市場の変化、少子・高齢化への対応、IT・情報化など構造的変革期に直面している。

こうした変化は従来の延長線上にはない新しいものであり、育成のあり方も再構築の必要性に迫られている。これからの人材育成に強く要請されるのは、こういったインパクトへの対応であり、特に変化の中にあって柔軟な適応をこなせる優れたホスピタリティスペシャリストの育成である。

人の能力を形づくる3つの基本要素として、知識、技能、態度が挙げられる。

「知識」……基本的な一般常識や一般知識に加えて、仕事を進めていくうえでの業務知識、問題解決に必要な知識など。ビジネスでは知識を持っているだけでは意味かない。

「技能」……知的技能：解釈、分析、評価、情報処理など頭脳を通して発揮される技能。
運動技能：機械の操作や様々な作業など、実際に体を動かす行動として発揮される技能。

「態度」……仕事に対する取り組み方や意欲など、人の主観的・情緒的な部分を指す。ある事柄に対する正しい・正しくない、賛成・反対、好き・嫌いなどの感情的評価。

## ①アビリティとは

アビリティ（Ability）とは、仕事を遂行するうえでの基本となる能力であり、「知識」「技能」「態度」は、シル・ワカル・デキル・ヤルことにつながる能力要素である。つまりアビリティ能力は、現在担当しているもしくは担当することが明らかにされた仕事についての能力で、「限定されたその仕事をシリ・ワカリ・デキ・ヤル能力」といえる。

育成の当面の目標は仕事を確実に遂行できる基本的能力を確実に身につけさせることである。

アージリス（C.Argyris）は、この「仕事を遂行するうえで必要な基本的能力」をアビリティと呼んでいる。

## ②コンピタンスとは

コンピタンス（Competence）とは、社会からの期待に応えようとする能力である。

これからの時代に必要な人材は、環境の変化や周囲からの期待を鋭敏に読み取り、自ら能動的に問題解決に取り組み、周囲からの期待や自分がどうなりたいのか、自分自身にかける期待に確実に応えていく「自律的で創造的な問題解決者」である。育成の目標は、社会が自分にかけている期待に応じようとし、また、今よりも難しい仕事ができるよう、自分自身に期待を持ち、その期待に応えていこうとする能力を育成することを含む。

アージリスはこの「社会からの期待、あるいは自分自身に期待し、その期待に応えようとする能力」をコンピタンスと呼んでいる。

アージリスは、アビリティ能力の育成をシングルループ学習、コンピタンス能力育成をダブルループ学習という言葉を使っている。アージリスの例話は、次の通りである。（図表8−5）

「室温が20度以下になると自動的にヒーターのスイッチが入るサーモスタットは、シングルループ学習の好例である。しかしこのサーモスタット自身が『なぜ摂氏20度でセットされているのか』と疑問を持ち、さらに、部屋にいる人たちの服装によって20度でないほうがより経済的で快適な室温ではないのかと考えるようになると、これがダブルループ学習を始めたことになる」という。

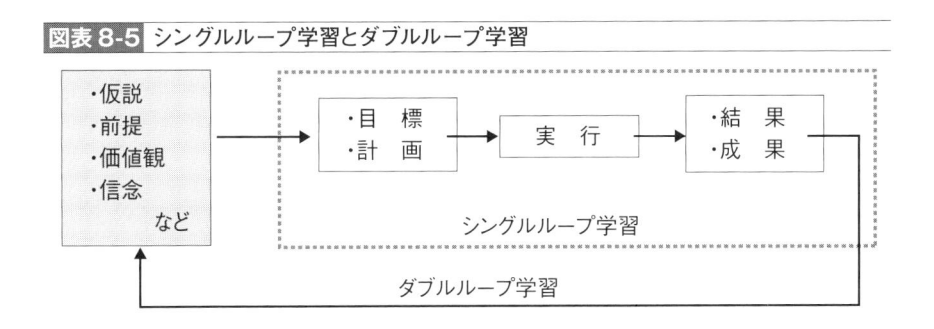

**図表8-5 シングルループ学習とダブルループ学習**

・仮説
・前提
・価値観
・信念
　など

→ ・目標 ・計画 → 実　行 → ・結果 ・成果

シングルループ学習

ダブルループ学習

決められた作業を完璧に実施することは当然であるが、その前提となるもの「快適性を提供する」というところに視野を向けた場合、状況を吟味

しながら作業設定自体を変更することが必要となってくる。アージリスはこれをサーモスタットという機械を例として説明したが、人間はもっと崇高な生物であり、当然のこととしてダブルループ学習は行われるべきである。この能力がホスピタリティ精神を実現するための能力の一部でもある。

**図表 8-6** アビリティとコンピタンスとセレンディピティ

|  | 意　味 | 何ができるようになるか |
|---|---|---|
| アビリティ | 与えられた仕事を遂行するうえで必要な基本的能力 | 相手は現在与えられている仕事を確実にこなしていくことができるようになる |
| コンピタンス | 自分自身に期待し、その期待に応えようとする能力 | 相手は自分の持っているアビリティで対処しきれない問題に対してもそれをまず、自分のこととして積極的に受け止め、強い意志と責任感を持ってその対処にあたろうとするようになる |
| セレンディピティ | あてにしないものを偶然にうまく発見できるようになる | 失敗してもそこから見落としせずに学び取ることができれば成功に結びつくようになる |

## ③セレンディピティとは

　セレンディピティ（serendipity）とは、あてにしないものを偶然にうまく発見する能力である。（図表 8 - 6）
　偶然に見つかるテーマや偶然に見つかる手法は偶然が作用することで、計画者の従来の常識を超えることができる。これには「偶然性」と「察知力」が必要であり、察知力を生かすためには、基礎知識・判断情報などが重要である。これらにより「偶察力」とも呼ばれる。近年になって、聖路加国際病院の日野原会長も研究をされている新しい考え方である。
　ノーベル賞を創設したアルフレッド・ノーベルは、セレンディピティ

が高かったといえる。不安定な液体爆弾を個体化させようと苦労を重ねるが、なかなか成功しない。ところがある日、ニトログリセリンの保存容器に穴があいて、そこから漏れたニトログリセリンが固まっているのに気づく。容器の周囲にあった珪藻土が安定剤として機能していたからだ。これが、ダイナマイトの製造法へのきっかけとなったセレンディピィティであった。

2002年にノーベル化学賞を受賞した島津製作所の田中耕一さんもノーベル同様にセレンディピィティが高かったといえる。

実験で使用する試料に、本来混ぜるはずだったアセトンではなく、誤ってグリセリンを混ぜてしまった。すぐに間違いだとわかったが、田中さんは、試料を捨ててしまうのは「もったいない」と、失敗した試料を使って実験を行う。その結果、これまでにない現象を世界で初めて観察し、そのことがノーベル賞につながったのである。

田中さんは「間違える」という偶然性と「捨てずに実験に使う」という察知力を行使することによって、成果を出したのである。

「セレンディピティ」という言葉は、小説家ホレス・ウォルポールの寓話『遍歴セレンディップの三人の王子』を元にして作られた造語である。

この造語が作られた200年後、社会学者であるロバート・キング・マートンは、研究の結果、科学史上の重要な発見の多くが「偶然の発見」に絡んでいることに気づかされる。合理性を追求している科学が、なじみの悪いとみられる偶然に支えられている意外性から、これを説明する概念は理解され難いものとなるように思われた。

そして、この概念の説明方法について思考している期間に、別の言葉を調べる機会があり、マートンは英語辞典をめくることになる。そして「セレンディピティ」という言葉に偶然の出会いをすることになる。これもあてにしないものを偶然にうまく発見する能力であった。獅子の島を意味するサンスクリット語のセレンディップから造られたセレンディピティという単語を知る人々は、ほとんどいなかったのである。

セレンディピティを生かすためには、たとえば、感動したものごとを観察し、記録し、ネーミングする。そこに課題を認識し、仮説・検証を行い、

新たな発見へとつなげる。行動範囲の幅を広げると、新たな視点が生まれるため効果的である。

　ホスピタリティは状況を認識しながら場に合ったものと行為の「絶妙な組み合わせ」を行っていくことである。一期一会を実現するためにセレンディピティ能力を向上することにより、少しでも「絶妙な組み合わせ」の起こる頻度を高めていくことが必要である。

**図表 8-7** 育成のポイント

|  | アビリティ | コンピタンス<br>（ホスピタリティ領域） | セレンディピティ<br>（ホスピタリティ領域） |
| --- | --- | --- | --- |
| 仕事の特性 | 遂行ノウハウが明らかな仕事 | 遂行ノウハウが明らかな仕事 | 遂行ノウハウが不明瞭な仕事 |
| 組織からの期待<br>（育成意図） | 与えられた仕事を確実にこなす<br><br>組織主導 | 自ら能動的に課題に取り組む主体的メンバーを育てる<br><br>自分主体 | メンバーに主導権を与え、自立的メンバーを育てる<br><br>自分主導 |
| アビリティ | 今職場にあるアビリティを伝える | 今職場にあるアビリティを伝える | 新しいアビリティを創り出す |
| コンピタンス | コンピタンスはあまり期待しない | コンピタンスを育成する | コンピタンスを再構築する |
| 育成の内容 | ある特定の仕事を計画に沿って、確実に習得するまでキッチリと教え込む | ある特定の仕事を習得させるが、そのプロセスでメンバーに解決策を考えさせ、主体性を育てる | 新しい特定課題を任せ、自律的に試行錯誤する中で新しい考えや手順を創造させ、新たな仕事にチャレンジする意欲を育てる |

　人材育成をホスピタリティの側面から考えた場合、育成方針、育成手法、育成計画などの再検討が必要であり、製造業が主流だった時代の育成方法を踏襲するのではなく、時代にあった育成法を模索する必要性が出てきている。（図表8－7）

# 第 8 章のまとめ

① 日本の企業は本来、人を育てることが上手な集団であった。しかし、長期間にわたる市場競争によって、その優先順位は下位のものと認識されつつある。

② 人材育成は計画的に手順を踏んで継続的に行うことが基本であるが、環境の変化によってその基本は大きく揺らぐことがある。

③ 育成のための仕組みは構築されている企業は多いが、運用面では効果的に動いていない企業が多い。

④ 企業の人材育成の方向性は、「即戦力」から「長期的で継続的な育成」方針に変化してきている。

⑤ 企業での育成に関しては指導者側の不足、または指導能力の低下によって Off-JT に頼る傾向が出てきている。

⑥ ホスピタリティ産業の離職率の高さは、ホスピタリティ産業の将来に大きな影響を与える可能性がある。

⑦ ダブルループ学習は行為の前提となるものを確認し、上意の概念に基づいて行動を起こすものである。

⑧ コンピタンス能力を育成することが社会人として必要な要件を満たすすべてである。

⑨ セレンディピティ能力の向上は、ホスピタリティ精神の醸成に役立つ一つの育成手段である。

⑩ 人材育成の項目にホスピタリティ的な側面を投入することにより組織の動き方に変化が現れる。

# 第9章

# ホスピタリティとスピリチュアルケア
~ホスピタリティの本来の姿~

　生老病死が日常から遠ざけられる現代社会の中では、生きることの実感が次第に失われつつある。そうした状況の中で、人が健康に生きるとはどういうことか、生を受けたもののあり方をホスピタリティの視点から考えていく。
　ホスピタリティはホスピスの領域を包括し、ホスピスにおけるスピリチュアルケアは従来、医療におけるターミナルケアの現場を主として行われてきた。この考え方を福祉や一般企業の分野にまで拡大し、それらの現場ですべての領域にわたる新しい形の対人援助の方策を検討する。
　そして、各人が持っている本来的な「人間力」を理解し、相互扶助の原理に基づく「いのち」のありようを検討し、現代社会が直面している「いのち」にかかわる諸問題への対応を模索する。

# 1. スピリチュアルの領域とは

　ホスピタリティは「物の豊かさから心の豊かさへ」を目指す概念である。幸せの指標といわれる、GNH（Gross National Happiness：国民総幸福量）により、世界一幸せな国となったブータン王国に代表されるように、幸福こそ人と国家の究極の目標といえる。

　ブータン王国が日本で関心を集めたことにより、現代は物質的には豊かになったが、これからは心の豊かさやゆとりのある生活、健康に重きを置きたいと考える人が増加してきている。

　1999年のWHO総会では、健康の定義をこれまでの「肉体的」「精神的」「社会的」側面からの尺度に「スピリチュアリティ」を加えるかどうかの審議がなされた経緯がある。

　また緩和ケアについては、患者や家族のQOL（quality of life：物理的な豊かさやサービスだけでなく、精神面を含めた生活全体の豊かさと人生の内容の質を含めた概念）向上のためには、痛みや心理的な苦痛、社会的、精神的な問題の解決が重要であるとWHOが定義している。

　日本でも近年、末期がん患者などの終末期医療の現場において、スピリチュアルケアへの関心が高まってきている。

　スピリチュアルについては一般的に宗教的な意味合いで理解されており、違和感を覚える人も存在するが、本来の意味はフィジカル（physical）が身体的、肉体的、物質的なものに対してスピリチュアル（spiritual）は意識的、生命、自然を指す。人間は肉体ではなく物質でもない。意識を持って精神活動を行っているものである。意識は思考を生み出し、感情、行動、創造物をも生み出すものである。スピリチュアルはこの領域を扱うものであり、特定の信仰や思想を指すものではない。

## 2. 死生観について

　東日本大震災では、甚大な被害と多くの方々が犠牲となった。

　これまでに経験したことのない威力の東日本大震災は津波や火災などの二次災害を引き起こし、多くの尊い命を奪った。直接的な被害に遭われた方、ご家族が被害に遭われた方々の健康、安全そして、安定した生活が一日も早く取り戻せるようにお祈りをさせていただきたい。

　今回の大震災は、日本人の心の強さを再認識させてくれたと同時に、死への覚悟をすることなく、自然の力の前に、無力にして突然亡くなられた人々への無念の思いを悼み深く慰霊することの必要性を認識させた。

　人々はこの出来事を機に、自分の死についても自分で選ぶことができないことを思い知らされた。自分の万が一のときのための「エンディングノート」の記述や「死活」（就活、婚活の派生語）という行動にまで人々を走らせたのである。

　ホスピタリティではホスピスを包括し「死」をも領域として扱うものであるが、死そのものを扱うのではなく、死を意識することによって人生をどう生きるか、周囲の人々にどのようにかかわるかが対象領域となる。

## 3. ホスピタリティと死生観

　エリザベス・キューブラー・ロスは、著書『死ぬ瞬間』で、死を宣告されてから死を受け入れるまでの過程を5段階で説明している。

1段階「否認」——「誤診ではないか？」とすべてを否定する。これは防衛行動なので、周りの人々は許すことが必要である。

2段階「怒り」——「なぜ、私が死ななければいけないのだ」。病気を恨み、人を恨み、世間を恨み、自分の病状に対して健全なものすべてに怒りを向ける。

3段階「取引」——「命を取り留めることができたら、何でもします」と神仏への願掛けをし、交換条件を提示し、精神世界との取引を始める。現実との取引は、セカンドオピニオンを回り現状よりも治癒効果の高い処置をする医療機関との取引関係を模索する。

4段階「抑うつ」——これらの取引は建設的ではないことに気づく。すべての手段を失うことによりうつ状態になる。

5段階「受容」——うつ状態から現状を受け入れる心に変化する。祖先のそばにいける、自然に戻れるといったスピリチュアリティが指針となる。この段階のスピリチュアリティは、育ってきた文化的過程によって大きく差が出る。

　対象者と接する場合は現状がどの段階に達しているのかを確認して、支えの方法を変える必要性が出てくる。
　しかし、5段階のどの段階にいても次段階への希望が存在し、その心を満たすための安心感を与えることが必要である。
　上智大学名誉教授のアルフォンス・デーケンはさらに6段階として、

6段階「期待と希望」——ユーモアと笑いの再発見、明るい希望をもつ。周りの人を悲しませて逝くのではなく、笑顔で送ってもらえるためのユーモアが必要である。

が存在すると提唱している。
　誕生したときには周囲に笑顔で迎えられ、終末にも笑顔で送ってもらうのが理想的であるという。
　看護学校において、いずれかの段階にある末期患者に対して看護学生が

第9章　ホスピタリティとスピリチュアルケア

　臨床教育の一環としてインタビューをする授業がある。プロセスレコードというものであるが、終了後、振り返りミーティングをすると様々な意見が出る。
　「何であの患者様はあんなきついことをいうんだ……」「あの患者様は重病のフリをしているだけだ……」と感情的な意見が頻出する。
　学生たちが荒れる理由は、末期がん患者とインタビューすることにより、自分にもいずれは訪れる死の事実を確信することが原因となる。
　それによって学生自体が、すでに「死への5段階」の「否認」と「怒り」の段階に入っていることになる。人間の死亡率は100%であるということを忘れて生活を送っていたことに気づくのである。
　自分の中で未整理な事柄が多いと、相手の影響を受けてしまうことが多い。上記のように患者様とのかかわりにおける苦痛も自分自身への学びとして対応することが必要であり、「すべての出来事に意味がある」として捉えることがホスピタリティ精神である。

　人は大切な人を失うと、亡くなった人は自分にとってどのような意味があったのかを考えて悲しむのである。その際、「悲しんではいけない」「忘れなさい」「時間が解決する」といった対応をとると、自分にとってのその人の存在の意味を否定することになり拒否感を示し、改善の方向へは進まない。
　人は苦しいときだけ「何で？」と考える。哲学者は楽しいときにも「何で？」を考えるものである。
　そして、楽しいときに考えると喜びが力になり、さらに深い思考が実現できるのである。
　人は苦しいときにしか考えない存在であるということに気づき、日頃から相手の存在意味を確認することが悲しさを低減することに貢献できる。この確認作業を常時することにより、笑顔で相手を送ることが可能となる。
　大切な人を失ったときに、悲しみはなぜ悲しみかを考えることが改善の方策となる。人との別れは自分にとっての小さな死である。

さらに現代は核家族化により祖父母との関係が薄くなり、祖父母が亡くなったとしても孫はかけがいのない大切な人を失ったという感覚が希薄になる。その子たちが人との別れを貴重な体験とせずに社会人になるという構図が今の社会には存在する。不機嫌な職場、ギスギスした職場の原因は、管理者のみならずメンバーの生活環境にも要因があると考えられるのである。

## 4. 死の受容

　末期の患者様から
　「死んだらどうなるのかな？」
との問いに、宗教家のように教義に基づく理屈で説得はしてはならない。
　「もし、死後の世界があればどこへ行きたい？　誰と会いたい？」
　「昔、苦労をともにして死んだ戦友に会いたいんだ」
　「会ったら何をしたい？」
　「残された息子さんが立派に育って孫が４人できたということを教えてあげたいんだ」
　「そんなこと聞いたら、きっとびっくりするでしょうね」
　「そうだろうな……あいつきっと腰ぬかして驚くぞ（笑）……」

　というように、笑顔が出る。癒しや支えは現実の世界だけにあるのではなく、精神世界にも存在するのである。
　これがスピリチュアルケアであり、スピリチュアル・ホスピタリティは、すべての世界を包括し Well Being を目指すものである。

　死の受容とは「自分の観念を手放す」ことであり、自由、家族、概念対象を手放すことでもある。
　悟るということは、最愛の人の死のような悲しみを通過することでもあ

る。悟りは名僧が苦行の末に獲得し開眼するものであるという間違った認識があるが、悟りとは細かい悟りが存在し複数認識される。席をお年寄りに譲り「ありがとう」の声を聞いたときの爽やかさも自分にとっての小さな悟りである。人を恨んで憎悪の感情から自分の卑屈さを感じたときも小さな悟りである。

　「自分の観念を手放す」ことにより、死にゆく人に寄り添いやすくなる。

　死を比較的に受容しやすい人は酸いも甘いも噛みわけた人であり、喜びの涙、悲しみの涙を知っている人である。

　アメリカの病院での事例で、がん病棟の患者様は掃除婦が掃除を始めると穏やかになるということがあった。

　黒人の貧しい掃除婦は、薬も与えられず腕の中で２人の自分の子を看取った。両親は自分の目の前で他の民族に虐殺された。一つの死を超越した体験をしているので、私にとって死はもう恐怖ではない。死を怖がっている患者がいたら「大丈夫だよ、怖くないよ」と声をかける。この一言の背景は、死を受容するための壮大なプロセスを秘めているということを患者様は認識しているのである。

　死の受容は、宗教的で神秘的な体験に依存してはいけない。ありのままの現状から発見するものである。

　医者は末期の患者様に精神的な協力をしない場合が多い。医学は死を敵として教育するのである。まず治し、延命することが第一で、末期の治療方針は延命だけである。

　その反省点からターミナルケア、ホスピスという概念が発生したが、実際にこれらを展開している全医療機関は一部でしかない。

　健康は移り変わりの中でダイナミックであり、どんな状態でも生かされていてよかったなと思うものである。死を前にした一息までがスピリチュアルであり、自己成長の可能性は存在するのである。

　余命３日と宣告され治療を放棄した、この３日間で起きることは「今までありがとう」が言えたということである。健康的な日常では、そんなことは言えない。感謝を伝えるための時間をとるために魂が働いたといえる。

**図表9-1 死への恐怖**

| 苦痛への恐怖 | 家庭や社会の負担になることの恐れ | 人生を不完全なまま終えることへの不安 |
|---|---|---|
| 孤独への恐怖 | 未知なるものを前にしての不安 | 自己の消滅への不安 |
| 不愉快な体験への恐れ | 人生に対する不安と結びついた死への不安 | 死後の審判や罪に対する不安 |

　死への恐怖は生物としての自己保存本能の自然な発露とみなしうるが、本能を超えた社会的な恐怖は、生物としての最大の課題である死と前向きに取り組む道を閉ざしてしまう場合がある。
　死については肉体的な死以外に、様々な形態が存在する。（図表9－1）
①心理的な死（Psychological death）……施設や病院で生きる意欲がなくなり、体は動くが心が停止している状態。
②社会的な死（Social death）……入院しても誰も見舞いにこない。周囲からの認識が希薄になっている。孤独死になる前の状態。
③文化的な死（Cultural death）……自分の意志ではなく、看護、医療による延命処置がなされている状態。
④肉体的な死（Biological death）……心肺停止、脳死。

　心理的な死、社会的な死に関しては客観的に見た場合、生を受けているように認識ができるが、当事者はすでに死の世界へ入っているということである。いじめ、無視されていることがこの状態である。
　アメリカのホスピスは、「痛み」「一人ぼっち」はないという約束を患者と交わして、死への不安を軽減し、自己成長・期待希望を与える。
　100％の人間が親、配偶者、子供、友人のいずれかの死を迎えるということを理解することが必要で、「別れは自分にとって小さな死」「相手の死は私にとっての小さな死」である。

## 5. 50歳代キャリア教育の在り方

　このホスピタリティ・スピリチュアルケアを組織に導入する切り口が、50歳代キャリア教育である。産業界では30代キャリア、40代キャリア教育がブームになっている。

　組織の期待と自分の実現目標を融合し、仕事を通してこれからの社会人としてのキャリアをどのように実現していくかという内容である。

　さらに、ここにきて50代キャリア教育が注目されてきている。60歳定年までの自分のキャリアをどのように形成し、再雇用に向けて、さらにどのようなスキルテクニックを身につけるかという内容が一般的である。

　しかし、これは30代、40代キャリア教育とは内容を異にするべきである。高年齢社員の場合は、モチベーションが落ち、自分なりの殻を作り凝り固まり、定年が近づくにつれ「上がり」と決め込んでカウントダウンを始めている。定年になれば肩書を外され、これまで入っていた重要なプロジェクトからも外され、給料の見直しもあり、非正規社員同様の仕事をまかされることは自分がよく知っていることである。

　再雇用に関してはあくまでも年金支給までのつなぎの生活費を得るためと割りきって会社に通うという意識がほとんどである。そして、後輩から厄介な目で見られていると、組織人としての「心理的な死」「社会的な死」に入っている場合も少なくない。

　このような高年齢層社員に一般的なキャリア形成は形骸化した考え方となる。

　重要なことは、「組織人としての終焉」が迫ってきているということを自覚させることである。キャリアよりも自分のエンディングノートを考えさせたうえで、最後の自己成長をはからせることが必要となる。

　この仕事を選び、入社したときの気持ちを思い出し、今までやってきたことと、自分をここまで支えてくれた人達に感謝をして、定年までにあと

一仕事をして定年退職の花舞台を称賛の声で飾ってみようという内発的動機づけを与え、自分の妻や子供や孫など大切な人に胸を張って定年のお祝いを受けることがなによりの贐（はなむけ）になるのだということを理解させる。

　今の会社をここまで大きくしてきたのは自分であるという自負を抱き、後輩に再雇用後も信頼され、尊敬される先輩となりたいと思う気持ちを内発的動機づけとして高め、そのうえで自分の組織人として残された自己成長キャリアを考えるというストーリーが50歳代キャリア教育として理想的である。

　組織における社会人としての終焉は、心理的、社会的な死と同等であり、それらを防ぐためにもスピリチュアル・ホスピタリティはこの点で組織に応用できるのである。

## 6. ホスピタリティにおける「愛」

　人は死を目の前にすると、もう一度生き直そうとする。見てはいけないものを見なければならない状況に置かれるからである。そして、今の状態を打破しようと攻撃的な姿勢を現わす。死を前にしたとき、今まで人にあわせていたものに対して本音が出るのである。

　その結果、心の蓋が開いて感情が噴き出す。特に親しい家族に対してはより強く吹き出す。

　そのため、外部の人間のほうが客観的に対応することができる。

# 第9章 ホスピタリティとスピリチュアルケア

▶**コラム**

●高齢者の女性の場合……戦時中、しばらくの間はお国のために「お前が男だったらよかったのに」といわれ育ち、強く厳しく生きようとして女らしさを出せない状況で生きてきた方は、病室において看護師につらくあたり、様々な問題を起こす。そんなときに病室に女の子らしいカーテン、コップなどを置くと態度が穏やかに変わることがある。女性として生きていいんだよ。

●高年齢者の男性……幼い時から男は強く、甘えや抱っこはいけないことといわれ育つ。強靭に生きようとする。痴呆が出るとそれが看護師に対するおさわりとなる。セクハラとは違い、抱っこや触れることに対する本音がそこにある。対応は難しいが、よい形でのふれあいを取ることが必要である。

　ホスピタリティは、ホスピスの領域を包括する。「おもてなし」の間違った認識は、「お客様をもてなす」ことである。本来は「お客様が来るからもてなさせていただく」ことである。

　同様に「患者をケアする」のではなく「患者をケアさせてもらう」。「親を介護する」のではなく「親を介護させてもらう」という正しい認識が必要である。

　看護・介護師にはアダルトチルドレン（Adult Children）が多く、自分が看護をすることで自分が満たされるとしている場合がある。

　野生における哺乳類は生まれてすぐに歩けるが、霊長類になると未熟で生まれる。歩けるまで（哺乳類でいう敵から逃げることができるまで）周りの世話を受けなければならないのである。だから、そこに支えが必要となる。

　周りが世話をするときに「やりとりされるもの」は、物＜金銭＜情報＜

**図表 9-2** 3つの項目が等しくまわってこそホスピタリティ

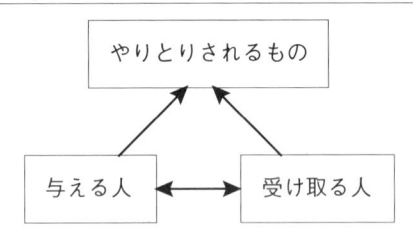

```
        やりとりされるもの
           ↗     ↖
       与える人 ⟷ 受け取る人
```

安全＜安心＜知恵の順に価値は高くなる。

　受け取る人がいるから与えさせていただくことであり、「与えてやる」ことではない。人は誕生時の本能としての支えあいが存在する。

　次頁の図表9－2に示したように、3つの項目が等しく回っていることが通常であり、必要とされることである。

　「ケアをしてあげる」という枠組みでは、それ以上にならない。

　しかし、これにも限界があり、人は自分が大切にされた以上は人を大切にできないということである。

　虐待された子どもは人を虐待する確率が高いといわれ、愛情を受けずに育った子どもは人を愛す術を知らない。それを乗り越える成長があれば例外もありえるが、無理にやろうとすると自己破壊につながるのである。

　まず、自分を大事にすることが大切であり、自己肯定と他者肯定を確実に行われなければ、支えは、それ以上にはならない。

　そして、支えの根底にあるといわれている「愛」という言葉は美しいイ

**図表 9-3** 愛情の総合マップ

| 進展 → | | |
|---|---|---|
| 慈しみ | 愛欲 | 怒り・憎しみ |
| 痛みへの共感 | 感傷（センチメンタリズム） | 批判・非難 |
| 喜びへの共感 | 過剰な同一化・有頂天 | 嫉妬 |
| 平静に見守る | 思い込み・執着 | 無関心・拒絶 |

メージを持っているが、その先にあるものは独占欲であり、執着であり、嫉妬、恨みである。(図表9-3)

　平安時代から日本人は、「愛」に否定的な意味しか見ず、愛を否定し愛から離れることを理想とした。アメリカに渡航した福沢諭吉は「Love」という言葉を当時批判的であった「愛」ちは訳さず、「あなたのためなら死んでもいい」と訳したほどである。それが明治時代から、しだいに「愛」という言葉の意味が少しずつ変わってきた。
　今日では、愛とは「人を思いやることだ」「人生において最も大切なものだ」という捉え方を多くの日本人がしている。「愛」に、積極的な新しい意味を見ているのである。
　愛を美化したのはキリスト教の影響によるものであり、愛のすべてがすばらしいものとは限らないということがホスピタリティの考え方でもある。
　愛は過剰であったり、少なかったりする。当人はわからないが、第三者が見ることにより明確に判断ができるのである。
　相手を受け止めることは自分を異化することであり、自分が自分でいられなくなることである。
　相手の痛みに響きあうことにより、自分が傷つきやすくなる。ホスピタリティを展開すると傷つきやすさが増長されることがあるが、自らの痛み、苦しみを通じて、より高い受け止めが可能となる。ホスピタリティの実践の核となるものは「心を込めて生きる」ことである。

# 第9章のまとめ

① 人間は意識を持って精神活動を行っているものである。意識は思考を生み出し、感情、行動、創造物をも生み出すものである。

② ホスピタリティは死そのものを扱うのではなく、死を意識することによって人生をどう生きるか、周囲の人々にどのようにかかわるかが対象領域となる。

③ 死を迎える人とのコミュニケーションは、自分にもいずれは訪れる死の事実を確信することになる。

④ 死を前にしても人は自己成長を遂げることができる。

⑤ 死の受容とは「自分の観念を手放す」ことであり、自由、家族、概念対象を手放すことでもある。

⑥ 死については、肉体的な死以外に様々な形態が存在する。

⑦ 「もてなし」はもてなされる人が存在するから、もてなさせていただくのである。

⑧ 悟りとは、細かい悟りが存在し複数認識される。

⑨ 高年齢層のキャリア教育は、「組織人としての終焉」が迫ってきているということを自覚させることである。

⑩ 「愛」という言葉は美しいイメージを持っているが、その先にあるものは独占欲であり、執着であり、嫉妬、恨みである。

# 付　録

## ホスピタリティ度診断チェック表

　ホスピタリティ精神を発揮しホスピタリティ文化を形成するためには、自分のホスピタリティ精神の発揮具合を確認し、弱みと強みを認識することが大切である。
　弱みをカバーするための努力と強みを維持するための方策を考えることが、次ステージへのステップとなる。次頁の簡易チェックシートを使って自分のホスピタリティ度をチェックして、現状を正しく見つめなおすことが必要である。

## ホスピタリティ度チェック

あなたのホスピタリティ度をチェックシートを使って簡易診断をします。
以下の質問のうち、あなたに最もあてはまるものを1～4で選択し、○をつけてください。

|   |   | 1 まったくあてはまらない | 2 あてはまらない | 3 あてはまる | 4 非常にあてはまる |
|---|---|---|---|---|---|
| 1 | 相手を思いやることは非常に重要である | | | | |
| 2 | 成果を上げるためには自分の考えや感情は抑える | | | | |
| 3 | 成果を上げても自慢はしない | | | | |
| 4 | 会社や顧客には自分のことなどわからないはずだ | | | | |
| 5 | 相手の喜びは自分の喜びとして感じることができる | | | | |
|   |   | 1 | 2 | 3 | 4 |
| 6 | 顧客の期待を想定し，準備・行動を行う | | | | |
| 7 | 顧客のクレームを顧客の立場に立って受け取ることができる | | | | |
| 8 | 失敗した場合、その責任は他者にあると感じることが多い | | | | |
| 9 | 同僚や他部署の情報を受け入れ、また自身の情報を提供する関係にある | | | | |
| 10 | 成果を上げるためには他者（顧客）の意見を全て取り入れようと思う | | | | |
|   |   | 1 | 2 | 3 | 4 |
| 11 | 全てではないにしても，相手と自身との関係は同等であることが多い | | | | |
| 12 | 他部署と連携するよりも自身の業務が円滑に進めば良い | | | | |
| 13 | 仕事上、自身が満足することは非常に重要である | | | | |
| 14 | 相手を尊重するとともに、自身の言動や思考・感情を尊重している | | | | |
| 15 | 顧客のニーズには全て完璧に応えるべきである | | | | |

以上で質問はおわりです。以下の採点基準にしたがい採点し、次頁のチャートに得点をプロットしてください。

付録　ホスピタリティ度診断チェック表

## 採点基準

非常にあてはまる…4点　　あてはまる…3点　　あてはまらない…2点
全くあてはまらない…1点
として、各質問項目別に下記にしたがい得点を計算してください。

### 【1】得点の計算

| 項目 No | 項目の得点 | |
|---|---|---|
| 2 | 5 −（　　　）= | |
| 4 | 5 −（　　　）= | |
| 10 | 5 −（　　　）= | |
| 13 | （　　　）= | |
| 15 | 5 −（　　　）= | |
| 合計をチャート(1)へ | 合　計 | |

| 項目 No | 項目の得点 | |
|---|---|---|
| 1 | （　　　）= | |
| 5 | （　　　）= | |
| 7 | （　　　）= | |
| 8 | 5 −（　　　）= | |
| 12 | 5 −（　　　）= | |
| 合計をチャート(2)へ | 合　計 | |

| 項目 No | 項目の得点 | |
|---|---|---|
| 3 | 5 −（　　　）= | |
| 6 | （　　　）= | |
| 9 | （　　　）= | |
| 11 | （　　　）= | |
| 14 | （　　　）= | |
| 合計をチャート(3)へ | 合　計 | |

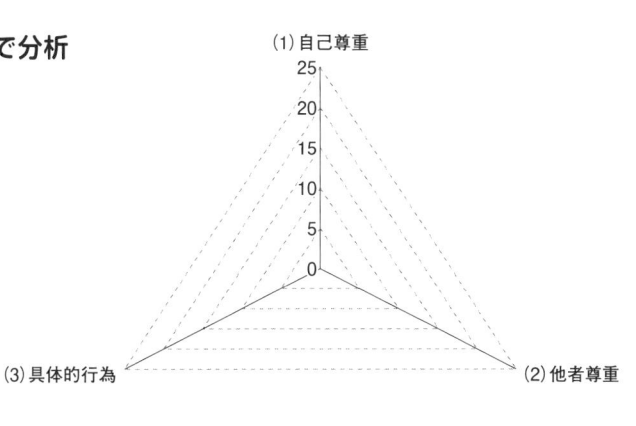

### 【2】チャートで分析

(1) 自己尊重

(3) 具体的行為　　　　　　　　　　　　(2) 他者尊重

## 【3】分析結果の解説

### (1) 自己尊重
ホスピタリティは自己の肯定と他社の肯定がベースとなる。自分を愛し、肯定することは自からの存在が他の人に役立つという安心感であり、不足感から充足感へと変化する。自分のことを大切にし自分を育てる、その過程の尺度。

| 自己尊重度 | | |
|---|---|---|
| | 低 | 0～10点 |
| | 中 | 11～19点 |
| | 高 | 20～25点 |

### (2) 他者尊重
相手を人であることとして認め対等であるという認識を持つことにより、相手を受け入れる姿勢ができている程度。

| 他者尊重度 | | |
|---|---|---|
| | 低 | 0～10点 |
| | 中 | 11～19点 |
| | 高 | 20～25点 |

### (3) 具体的行為
相手のすべてを確認し受け入れ、相手が置かれている状況や抱いている感情を感じて読み込み認知する。その情報により自分が今すべきことを考える。自分自身の主体性を持ち、相手へ感情移入をし、すべき行動を考え実践する力。

| 具体的行為 | | |
|---|---|---|
| | 低 | 0～10点 |
| | 中 | 11～19点 |
| | 高 | 20～25点 |

上記の結果からホスピタリティにおける自分の強み弱みを認識し今後のホスピタリティ精神の発揮に役立てていただきたい。

## あとがき

　本書はホスピタリティ本来の概念を産業界に広く浸透させ、穏やかな心で仕事に従事できることを念頭において執筆をした。取り上げたテーマ以外にもホスピタリティの適応範囲は存在し、職場に組織全体にその考え方は拡大する。

　ホスピタリティのベースは人倫であり社会倫理であるはずで、これらを確実に理解しなければ健全な組織は成立しない。外面だけの顧客満足や浸透しない方針や業界を代表する企業の不祥事などが存在する理由は、真のホスピタリティを理解していないことが現象として表れている。

　組織におけるメンバー、プライベートにおける人間関係にとって相手の幸福や安寧を願い、相手への救済を真剣に志向することが必要であり、それが「人間らしさ」の根源でもある。人を幸せにすることが組織を良くすることであり、社会を住みやすくする。我々は、マザーテレサやダライラマ、ウォルトディズニーと同じ「いのち」で生きている、それは人を幸せに導くことができる「いのち」である。

　誰しも幸せを願い、誰しも人を幸せにできる「ちから」を持っている。この「ちから」を活かし相互発展を実現することが Well Being である。

　健全な組織体質と幸せな世の中を構築するためには、ホスピタリティがこれからの指針になりえるだろう。

　今回取り上げたホスピタリティ概念の整理には、日本ホスピタリティ・マネジメント学会元会長である服部勝人氏のホスピタリティに関する先行研究が大きく貢献している。さらに日本ホスピタリティ・マネジメント学会での多くの研究成果も様々な形で影響を与えている。関係諸氏に謝意を表する。

中根　貢

# 参考文献

## 第1章
- 服部勝人『ホスピタリティ・マネジメント学原論』丸善（2006）
- 河合太介、高橋克徳、永田 稔、渡部 幹『不機嫌な職場～なぜ社員同士で協力できないのか～』講談社（2008）
- オスカー・ワイルド／厨川圭子訳『理想の結婚』角川書店（2000）
- ネルソン・ジョーンズ／相川 充訳『思いやりの人間関係スキル』誠信書房（1993）

## 第2章
- 坂本光司『日本でいちばん大切にしたい会社』あさ出版（2008）
- 高山市観光課HP「高山市のバリアフリーのまちづくり施策」
- 中部経済連合会「飛騨地域を事例とした広域観光のあり方」（2007）
- 日本ホスピタリティ・マネジメント学会第21回全国大会　シンポジウム「新幹線と地域経済～エリアにおけるホスピタリティ・デザイン熊本」
- くまモンオフィシャルサイトHP
- 熊本暮らし人祭り　みずあかりHP

## 第3章
- クロードE. シャノン、ワレン・ウィーバー／植松友彦訳『通信の数学的理論』ちくま学芸文庫（2009）
- Anderson, N. H.『Likableness Rating of 555　Personality-Trait Words.』Journal of Personality and Social Psychology.（1968）
- 林 文俊「対人認知構造の基本次元についての一考察」名古屋大學教育學部紀要（1978）
- 遠藤哲夫・市川安司『新釈漢文大系8「荘子・下」』明治書院（1967）
- Mary Parker Follett『The New State: Group Organization the Solution of Popular Government.』Penn State Press, 1918.（1918）

## 第4章
- 警察庁生活安全局生活安全企画課「平成21年中における自殺の概要資料」(2008)
- 自殺対策支援センターライフリンク「自殺実態白書2008」(2008)
- 労働基準局安全衛生部労働衛生課「職場におけるメンタルヘルス対策検討会報告書」(2009)
- ヘンリー・ミンツバーグ／池村千秋訳『マネジャーの実像―「管理職」はなぜ仕事に追われているのか』日経BP社 (2011)
- 「説一切有部」紀元前2世紀『異部宗輪論』
- 善無畏「大日経疏」(800)
- 立岩真也『「非」援助論』医学書院 (2002)

## 第5章
- 齋藤 憲監修『企業不祥事事典―ケーススタディ150』日外アソシエーツ (2007)
- 和辻哲郎『倫理学〈1〉』岩波書店 (2007)
- チャールズM.カルバー、バーナード・ガート／岡田雅勝監訳『医学における哲学の効用―医学と精神医学の哲学・倫理問題』北樹出版 (1984)
- 渡部昇一『人間らしさの構造』講談社 (1977)
- マイケルE.ポーター『Harvard Business Review 2011年6月号「共通価値 (shared values)」』ダイヤモンド社 (2011)
- 産業能率大学企業倫理プロジェクト『実践企業倫理・コンプライアンス』産業能率大学出版部 (2008)
- W.D. Ross『The Right and The Good』Oxford: Clarendon Press. (1930)

## 第6章
- 石井淳蔵編、嶋口充輝編『営業の本質』有斐閣 (1995)

## 第7章
- カール・アルブレヒト／仁科 慧訳『見えざる顧客』日本能率協会（1991）
- 川喜田 二郎『発想法―創造性開発のために』中央公論社（1967）
- 浜田芳樹『インダストリアル・マーケティング戦略―生産財企業成長への道』サンマーク出版（1990）
- Charles W. Fowler『Systemic Management-Sustainable Human Interactions with Ecosystems and the Biosphere』Oxforduniversity Press（2009）

## 第8章
- 吉川英治『新書太閤記』講談社（1990）
- 厚生労働省「新規学卒者の離職状況に関する資料一覧」（2012）
- 独立行政法人 労働政策研究・研修機構平成23年「今後の産業動向と雇用のあり方に関する調査」（2011）
- 厚生労働省、平成22年度「能力開発基本調査」結果の概要（2010）
- 産業能率大学「経済危機下の人材開発実態調査～企業と個人の2つの視点から～」（2010）
- クリス・アージリス／高橋達男訳『対人能力と組織の効率：個人の欲求と組織目標の統合』産業能率短期大学出版部（1977）
- 澤泉重一『偶然からモノを見つけだす能力』角川書店（2002）

## 第9章
- 厚生省大臣官房国際課「ＷＨＯ憲章における『健康』の定義の改正案について」厚生労働省（1999）
- エリザベス・キューブラー・ロス／鈴木 晶訳『死ぬ瞬間―死とその過程について』中公文庫（2001）
- B.G. グレイザー、A.L. ストラウス／木下康仁訳『「死のアウェアネス理論」と看護』医学書院（1988）

## さくいん

### あ行

アージリス………204
相手にとっての意味………90
相手の肯定………27
相手の立場で動く………75
相手を肯定………29
あなたにとっての意味………92
アビリティ………204
アルブレヒト・カール………173
アンダーソン………64
一見自明な義務………130
一般ニーズ………154
インテグリティ………134
ウィーバー………60
受け入れ………6・49
内なる声………141
エイボン………153
エコロジー………23
エリザベス・キューブラー・ロス
　　　　　　　　………213
援助………16
応用倫理学………128
オスカー・ワイルド………26
オストメイト対応トイレ………44

### か行

ガート………132
カールソン………104
外部顧客………173
科学的管理法………6
科学的マネジメント………5
学客………28

仮説ニーズ………20・29・155
価値情報………67
価値創造………20
我欲………109
観光………7
観察力………70
感じて読む………68
感受性………70
完全義務………129
感動品質………36
聞くコミュニケーション………61・85
ギスギスした職場………5
規範倫理学………128
教育ゲーム………192
共感………60・76
共感性………38
共感性の発揮………77
共感的理解………78
共生………6
共生する体制づくり………16
業績主義………2
業績評価………39
偶察力………206
くまもとサプライズ………50
くまモン………50
くまモンミリオンプロジェクト………53
形式知………29
傾聴………60
顕在化ニーズ………20・29・155
削り取る効率化………172
欠点列挙法………186
言語チャネル………68
顕在化ニーズ………154
行動訴求アプローチ………147・151

233

行動的側面………97
効率化推進対象業務………184
効率化推進テーマ………185
効率化対象業務………169
コーポレート・ガバナンス………124
顧客志向………35
心の癖………107
心の豊かさ………54
心の考え方………77
固有ニーズ………154
コンピタンス………204
コンプライアンス………123

【さ行】

サービス………22
サービスの概念………12
支えあい………51
サスティナビリティ………23
仕組み………195
自己革新………63
自己肯定………222
自己成長………17
自己中心的………52・93
仕事の大局的な意味………90
事実情報………67
事実フィードバック………81
システミック思考………169・170
システム思考………170
持続的な発展………54
親しみやすさ………64
ジダン………116
知って読む………66
自分との対話………135

自分になされたことを知る………113
自分の肯定………27
自分を肯定………26・29
社会的な死………218
シャノン………60
終身雇用………193
住民主体………49
主客同一………47・162
主客同一関係………21・22
主従関係………22
主従関係的………47
瞬間の連続………23
純粋経験………112
状況の法則………89
状況への集中力………70
情動的側面………97
自欲………109
食と文化でおもてなし………49
職場の掟………126
ジョン・ウェイン………18
心理的な死………218
スキル………5
ストロー現象………48
スピリチュアル………212
スピリチュアル・ホスピタリティ
………216
住みよい町は行きやすい町
………41・42・45
性悪説………4・137
成果主義………39
成果主義人事………2
生産志向………35
性善説………4・136
接触経験………112

さくいん

セレンディピティ………206
潜在的なニーズ………29
相互依存………46
総合的活動………175
相互関係………45
相互支援的………61
相互性………21
相互性の原理………176
相互創造………20・56
相互発展………20・22・38・56
相互扶助………38・46
相互容認………20
相互理解………20
創造する効率化………172
想像力………70
組織人としての終焉………219

### た行

第一印象………161
大局的な意味………92
対等関係………21
対等となるにふさわしい………14
対等となるにふさわしい関係………15
多元的共創の原理………176
他者肯定………222
ダブルループ学習………205
伝えるコミュニケーション………61
提案訴求アプローチ………148
敵を受け入れる………19
テクニック………5
東洋思想………17
ドラッカー………104

### な行

内省………106
内部顧客………173
投げかけ質問………160
日常性………16
日本の美しい経営………126
人間性………30
人間性の涵養………18・29
人間尊重………162
人間らしさを遊ぶ………51
認識知………29
人情訴求アプローチ………148
年功序列………193
年功序列型人事制度………39
能率学………6
能力………195
ノードストローム………164
ノーマライゼーション………42

### は行

発信………60
場の空気を読めない………69
バリアフリー………42・43
判断保留の原則………85
非言語チャネル………68
非日常性………16
ビューラー………140
表層的………30
平等性………46
風土………195
フォレット………89
付加価値………12

付加価値交換………50
不完全義務………129
不機嫌な職場………10
福祉の力………45
物質的豊かさ………55
不祥事………4
フッサール………85
フロイト………138
プロセスレコード………215
プロダクト・アウト………172
ポーター………105
ポートフォリオ………181
ホスピス………17・218
ホスピタリティ・コミュニケーション
　　　　　　　　　モデル………64・76
ホスピタリティ産業………7・11・28
ホスピタリティ精神
　　………11・15・18・19・38・40・43
ホスピタリティの概念………12
ホスピタリティ文化
　　　　………11・19・20・40・54
本来の義務………130

(ま行)

マーケット・イン………172
マズロー………140
マネジメントソリューション………7・8
みずあかり………47・48
ミンツバーグ………105
無償の愛………30
無償の提供物………13
メンタルヘルス………99

(や行)

山上宗二記………23
有償の提供物………13
ユニバーサルシート………44

(ら行)

利益至上主義………39
利己主義………24
利他主義的行動………6・24
理念・行動指針………11
ロジャース………139
ロス………130

(英語)

CSR………125
HSM………100
IE 手法………176
QC 手法………176
SSM………100
VE 手法………177
Well Being………55・186
Win-Win………75

## 著者略歴

**中根 貢**（なかね　みつぐ）

学校法人産業能率大学　総合研究所　主席研究員。
1961年生まれ。駒澤大学卒業後、大手旅行会社に勤務し、営業・添乗業務に従事。その後、学校法人産業能率大学入職。マーケティング戦略、営業戦略を中心に小売流通業から製造業、鉄道事業、医療・福祉と幅広い業界で研修・コンサルティングを担当。
日本ホスピタリティ・マネジメント学会、日本環境教育学会に所属し、現在はホスピタリティの理論構築のために高野山大学大学院で密教学を専攻中。

ザ・ホスピタリティ
―「おもてなし」「思いやり」から経営へ―　　〈検印廃止〉

| | |
|---|---|
| 著　者 | 中根 貢 |
| 発行者 | 飯島 聡也 |
| 発行所 | 産業能率大学出版部 |
| | 東京都世田谷区等々力 6-39-15　〒158-8630 |
| | （電話）03（6432）2536 |
| | （FAX）03（6432）2537 |
| | （振替口座）00100-2-112912 |

2013年2月28日　初版1刷発行
2015年6月26日　　2刷発行
印刷所／日経印刷　製本所／日経印刷
（落丁・乱丁はお取り替えいたします）　　ISBN 978-4-382-05681-7
無断転載禁止